重新认识黄金

黄金投资的全新视角解析

崔宏毅 著

上海财经大学出版社

图书在版编目(CIP)数据

重新认识黄金：黄金投资的全新视角解析 / 崔宏毅著. -- 上海：上海财经大学出版社，2024.8. -- ISBN 978-7-5642-4430-9

Ⅰ. F830.94

中国国家版本馆 CIP 数据核字第 2024DP7839 号

责任编辑　邱　仿
封面设计　张克瑶

重新认识黄金——黄金投资的全新视角解析

著　作　者：崔宏毅
出版发行：上海财经大学出版社有限公司
地　　址：上海市中山北一路 369 号（邮编 200083）
网　　址：http://www.sufep.com
经　　销：全国新华书店
印刷装订：苏州市越洋印刷有限公司
开　　本：710mm×1000mm　1/16
印　　张：13.5（插页：2）
字　　数：174 千字
版　　次：2024 年 8 月第 1 版
印　　次：2024 年 8 月第 1 次印刷
定　　价：60.00 元

前言

我是一名自2007年美国金融危机时入行黄金投资交易行业的"80后"黄金分析师。

在16年的"跳跃性"工作经历中，从销售员做到分析师，从开工作室到创业组建公司，并参与组建"金融衍生品交易"的商会，再到回归孵化项目，从事黄金类资产管理。

一路走来，不断变化的职业视角给予了我更多的思考维度。

美国次贷危机，国内楼市暴涨、现货交易乱象，中美贸易摩擦，支付行业整顿，俄乌冲突……我们正经历后疫情时代的"百年未有之大变局"。

这些不断叠加的风险，赋予了我更多求变、求新和不断突破的勇气。

在人生职场最有价值的三十年中，能经历这些，可以说也是吾辈的一种幸运，因为在动荡中需求机遇，是每个人都希望抓住的。而黄金就是贯穿其中最好的投资工具，是财富抓手之一。

黄金在人们的固有思维中，一直被贴上财富、土豪、贵重、传承等众多标签。

无论是行业内的黄金技术教科书的阐述，还是老百姓认知中的黄金投资理念，都是传统的老三样：买黄金，卖黄金，炒黄金，但时代变了，行业变了，技术变了，黄金不再是单纯的黄金。

况且，黄金领域的知识浩如烟海，通过我一个人的视角，难以面面俱到，只能说从高瞻远瞩到见微知著，做一次粗浅的梳理。

我希望借以此书，以我浅薄的经历和视角，以通俗易懂的描述，重新审视新时代下的黄金投资，为大家提供更多的参考。

崔宏毅
2024 年 8 月

目录

第一章　能为你兜底的黄金 / 1
第一节　投资理财兜底的意义 / 3
第二节　浅析风险与黄金的作用 / 5

第二章　后疫情时代我们的思考 / 7
第一节　炒房不再安稳，黄金跑赢 20 年 / 9
第二节　储蓄不再安稳，黄金是不会违约的"硬通货" / 18
第三节　股市不再是散户的主场，转战黄金市场更显博弈本色 / 23

第三章　解惑黄金的那些疑问 / 27
第一节　黄金真的稀缺吗？/ 29
第二节　黄金真的保值吗？/ 32
第三节　黄金还能成为货币吗？/ 36
第四节　黄金的分身有哪些？/ 47
　　一、实物黄金领域的分身 / 48
　　二、互联网背景下的数字黄金分身 / 58
第五节　谁在决定黄金的价格？/ 67
　　一、金价和金本位的由来 / 67
　　二、黄金定价权的历史争夺战 / 72

三、人民币正在被黄金赋能 / 77
第六节　黄金与信用的关系 / 87
　　一、黄金是信用的本体 / 87
　　二、黄金与经济危机 / 88

第四章　重新理解黄金投资 / 97
第一节　为什么不建议一直持有黄金来投资 / 99
第二节　如何投资黄金才是稳妥的 / 102
　　一、黄金投资工具有哪些？ / 102
　　二、投资黄金赚的是什么钱？ / 112

第五章　黄金投资交易的实战讲解 / 113
第一节　技术面 / 115
　　一、弹性理论 / 115
　　二、K线的由来 / 121
　　三、弹性理论视角下的K线 / 126
　　四、K线组合 / 128
　　五、中继结构 / 132
　　六、经典指标讲解 / 140
　　七、画线与测量工具讲解 / 145
第二节　基本面 / 153
　　一、利率 / 154
　　二、央行售金购金 / 164
　　三、黄金ETF持仓报告 / 164
　　四、期货现货持仓报告 / 169
　　五、经济荣枯类数据与其他消息 / 172
第三节　心态面 / 174

目 录

一、市场如何看待投资者，投资者如何看待市场？/ 174

二、各种应用场景中，投资者的动机是什么？他们在关注什么？/ 175

三、如何在黄金市场中定位自己的行为？/ 177

四、交易过程中，开仓、持仓、平仓三个环节的心态调整 / 179

五、遇到突发情况的心态剖析 / 181

第四节　决策面 / 183

附　录 / 187

附录一　作者历年投资的经典语录 / 189

附录二　古代金银器赏析 / 194

附录三　世界黄金历史大事记 / 206

第一章

能为你兜底的黄金

未谋胜,先谋败。让黄金成为你投资的安全锁。
政策、运营、流动、价格波动,是风险的四要素。

第一节　投资理财兜底的意义

有人说，黄金是货币之王，能抗通胀保值，也有人说，黄金价格涨跌不定，投资风险甚高，我觉得说的都对，但也都不全面。因为以黄金而产生的各类投资工具，种类繁多，有基于价格波动的，有基于指数波动的，还有通过差价来博弈的，以及通过对冲风险来获利的。如果单纯从一个工具的角度来看待，就像盲人摸象，以管窥天，很容易以偏概全，得到比较主观的答案。

但我觉得，黄金至少是一个能为你的财富保驾护航的兜底神器。

尤其是在后疫情时代，上到国际形势，下到咱们老百姓衣食住行，都在变化的格局下，如何以新的视角思考，如何以不变应万变，我相信，重新审视黄金，能给出一定的答案。

请跟随我的讲述来看看吧。

我们先聊兜底，再聊黄金。"兜"的本意是古代作战时的头盔，引申为把东西拢住，在《史记·年表》和《汉书·古今人表》均有记载，现在也有包揽和承担的意思。

"兜底"是一种保障，也是一种态度。人们在衣食住行中处处需要兜底，也在方方面面中有意无意地建立自己的"兜底保障"。

比如，从经济学的角度讲，你入职打工的同时，可以说是找到了一份社会保障兜底，是你未来养老收入的工具。购买保险是为你的人生意外和医疗找到了一份对赌风险的兜底工具。结婚生子是为你的养老提供了一份人力资源的兜底综合解决方案。就算是玩游戏，游戏厂商都会为你的晋级做一个兜底，不会让你从一路通关打BOSS因为失误跌回初级。在生活中我们网购或点外卖，也会有各种各样的包赔免退的承诺。

就每个人都关心的投资理财而言，我们无时无刻不在与风险打交道，就算是储蓄也会承受通胀通缩带来的波动。虽然大家知道投资有风险，入市需谨慎，但谁都希望投资是一个相对安稳的过程，至少不希望承受来自"一夜回到解放前"的风险。

那你的投资，有没有兜底的保障呢？谁能为你的投资过程加一把风险可控的安全锁？

答案是黄金！

首先说，为什么投资理财一定需要兜底？

因为大家的资金不管有多少，在整体市场面前，永远是有限的。如果想用有限的资金，"活"在无限的机会和充满风险的市场中，就不能孤注一掷地裸奔式投资，需要通过兜底功能的工具，来建立投资与心态之间的正向循环反馈。

这样，你才能在追逐收益的同时，不担心风险的反噬。

风浪越大，能捕到的鱼就越大，但前提是你的船足够坚固，你的航向是正确的！

我们先确定一个概念：理财包含投资，投资包含交易。为什么这么说呢？大家存钱买保险、炒股，做各种各样的资金规划，都可以叫作理财，这可以是贯穿人一生的行为。

但投资是有目的的，针对某一种标的物进行的主动出击，比如，投资商铺、投资黄金、投资债券、投资股权及各种各样的标准化合约。

而交易是含在投资里面的，是主动出击，在某一个品类的市场中，跟随价格的涨跌进行博弈，取得短期、中期或长期的差价利润，比如炒股、炒期货、炒黄金，以及炒各种各样大家接触到的新生事物。

第二节　浅析风险与黄金的作用

那么，无论是交易，还是投资，抑或包罗万象的理财，这些风险都来自哪里呢？

可以从政策、运营、流动性和价格波动四方面来说。

一说政策。拿大家最熟悉的房子举例，我们知道，20年间，中国的房地产政策不断地调整，直到2018年，中央出台了"房住不炒"政策，结束了炒房的时代，这就是政策带来的红利的消失和市场的转向。

二说运营。大家所接触的各种各样的理财产品，要么是银行的，要么是券商的，要么是私营公司的，都有违约风险。就算是你买城投债或者是某个城市的信托，随着政府的债务上限不断提高，风险也在累积，也会出现违约或展期，存在延期兑付的风险。所以，运营是理财投资或交易中的重要风险。而黄金作为一个国际性的商品，没有哪个国家的单一政策可以左右黄金的走势，就算是全球结算货币美元所代表的美联储的利率政策，对黄金的影响，也并不能完全掌控。

三说流动性。流动性很好理解，就是说参与的人越多，交易越频繁越活跃，说明这个市场流动性充足；如果参与的人少，交易不频繁或者被限制了，那么流动性就很差，也就是大家常说的"有价无市"。大家也可以参考房子这个重要的标的物，当前的政策是优化房地产政策，促进房地产市场平稳健康发展。政府出台指导价，就意味着流动性被限制住了，对于一款投资品来说，它就不再是一个非常好的投资品了。

而黄金作为一个国际性的投资品，在全球拥有40多个交易所，贯穿链接成了一个巨量的、流动性充足的市场。黄金的全球日均交易额就有 20 万亿美元之多，单单是中国上海黄金交易所的交易量，在 2021 年就达到 20.53 万亿元人民币。所以说，黄金是不缺乏流动性的。

以玉器为例，玉器属于小众、流动性并不充足的投资品，有价无市。买的时候很值钱，但卖的时候可能就贬值得非常厉害。再说钻石，也是如此，各种各样的渠道都可以买到钻石，但你听说过钻石有回收的吗？也就是说，钻石一旦售出，它的价格和价值就已经锁定在那一刻，当你卖出的时候，它的价值可能连你买时的 1/10 或 1% 都不到。

而黄金是唯一一个从政策到运营，再到流动性都很受支持和产量充足的品种。

四说价格波动。一个商品价格波动大，并不意味着它就有特别大的投资价值，一个商品的价格有规律地波动，才有投资的价值。比如我们熟知的粮食、原油、黄金，要么会有季节性的价格波动，要么会有供需的价格波动，要么会有避险性的价格波动。反观股市里的上市公司以及各种各样的小众的投资品，它的价格波动被人为操控的空间非常大，涨跌也相对无序，这个风险就难以把握了。总而言之，理财包含投资，也包含交易，从政策、运营、流动性、价格波动这四个方面相比较，黄金都是独一无二、不可或缺的优质标的物。

不仅如此，黄金本身也具备兜底信用货币的贬值风险（通胀）、兜底时间的家庭变故风险（经济周期）、兜底不良储蓄习惯的风险（个人）的特性。

这个特性，在后疫情时代尤为突出。

第二章

后疫情时代我们的思考

黄金和房子都符合越贵越有人炒的凡勃伦效应，而其背后是政策和流动性带来的追涨效应。这也是黄金能跑赢楼市的关键。

黄金的信用背书是以人类历史作为共识基础的，无可比拟。

集中精力做价值博弈才是黄金投资的本质。

第一节　炒房不再安稳，黄金跑赢 20 年

提到这个话题，我们首先要回溯 1988 年"房改"[①] 和 1998 年"住房货币化"[②] 政策。"住宅是商品"这个概念，可以说，就是从 1998 年这次住房货币化的政策后，开始被老百姓接受的。

后来 10 年的房地产黄金时代，就是基于"住房分配货币化、建立住房供应体系、启动二手房市场和建立住房金融"的政策基础上形成的。

既然是商品，就可以投资，也可以炒作，黄金如此，房地产也如此。

自从 2001 年实施了商品房预售制度，也就是所谓的"炒楼花"之后，第一代炒房客"温州团"诞生，2001 年 8 月 18 日，第一个温州购房团开赴上海，三天之内买走了 100 多套房子，将 5 000 多万元现金砸向了上海楼市，吹响了楼市价格炒作的号角。2001 年的全年房价涨幅达到了 5.4%，而当年的金价涨幅才 2.46%，国内金价处在百元每克的水平。

随后几年，约 2 000 亿元温州的资金投向全国各地房地产。

虽然从 2002 年到 2003 年，发布了建住房〔2002〕217 号《关于加

[①] 1988 年 2 月 15 日，国务院印发《关于在全国城镇分期分批推行住房制度改革的实施方案》，决定从 1988 年起，用三五年的时间，在全国城镇分期分批把住房制度改革推开。

[②] 1998 年 7 月 3 日，国务院发出 23 号令《关于进一步深化城镇住房制度改革加快住房建设的通知》，提出停止住房实物分配，逐步实行住房分配货币化。

强房地产市场宏观调控促进房地产市场健康发展的若干意见》和银发〔2003〕121号《中国人民银行关于进一步加强房地产信贷业务管理的通知》，开启对房地产市场的调控，但房价还是一路上涨，那两年的全年房价涨幅，仅仅是减速了一些，分别为3.7%和4.9%，而同期的金价则是一路高歌猛进，涨幅分别为24.77%和19.35%。

2004到2007年，中国因为刚走出非典疫情，经济探底，住房和城乡建设部发布了18号文件（中华人民共和国住房和城乡建设部令第18号《建筑工程施工许可管理办法》），鼓励将房地产的发展定性为扩大内需，拉动经济增长的重要渠道。虽然2007年上调了房贷利率，但炒房热这把火已经被点燃，加上经济复苏的重要任务，房价再次飙升，2004年房价涨幅就达到了15%，2005年涨幅更是加速到16.7%，当年的金价涨幅也后劲十足，分别为5.39%和17.86%，在2007年的涨幅达到了惊人的31.05%。

到2008年年末，美国次贷危机爆发，全球经济动荡。2009年年末，中国出手"国四条"[①]，再次调控房地产市场，但结果是迎来了房地产市场2009年巨幅的上涨。当时的房价涨幅达到了惊人的23.2%，创下了房改政策出台以来的最高涨幅纪录。而当时2009年的黄金价格涨幅达到了24.86%。

紧接着，楼市就迎来了金融危机后的"4万亿"时代，在扩大内需抑制经济下行的环境下，货币环境空前宽松，楼市开始空前的火热。

炒房逻辑是这样的：

炒房者以批量购房获得折扣低价，利用预售楼花的制度，先垫付首付款，等开盘带来人气和升值预期，炒高楼价，开发商获益，炒房者获

[①] "国四条"是指在2009年12月14日温家宝总理主持召开国务院常务会议上，就促进房地产市场健康发展提出增加供给、抑制投机、加强监管、推进保障房建设四大举措。会议同时明确表态"遏制房价过快上涨"。

益。开发商在这个过程中，通过宽松的信贷，从银行贷出更多资金，开发更多的楼盘，开设更多同样模式的套路循环，而银行为了获得贷款利息，增加表内业务收入，就更加顺应开发商的贷款需求，以招标土地及待售楼盘作为抵押循环贷款，仅2009年房地产贷款新增资金规模就超过了2万亿元，不过2009年黄金的国内交易规模也超过了1.028万亿元。

好景不长，房地产的政策拐点来了。在2013年，推出了"国五条"①试点房产税和暂停二、三线城市的银行房贷业务。这个手段一出来，非常明显，国家不想让炒房这个行为变成全民参与的游戏了，如果房价稍有下跌，那就是全民恐慌的重大事件，所以要防范楼市风险。而在这个时间节点，黄金也迎来了由涨转跌的拐点，黄金在2013年当年就下跌了27.45%。这样的拐点，从国内来讲是国家看到了未来的风险，从政策上主动给楼市炒作刹车的；从国际外部环境看，是因为美元开始退出量化宽松（QE），美元回流升值，人民币贬值会引发更严重的通货膨胀，如果不加以控制，恐怕楼市危机会来得更凶猛。

值得注意的是，黄金在2013年当年下跌了27.45%，而楼市价格的涨幅是7%，2014年是1.4%，虽然房价波动没有由涨转跌，但涨幅下降还是很快的，这也是拜"国五条"所赐，因为2013年发通知要扩大房产税试点，并且银行暂停楼市贷款并蔓延到了二、三线城市，可以说，这是一方面在给楼市泼冷水，另一方面在掐住想继续以贷款进入炒房游戏的玩家通道。

---

① "国五条"是指在2013年国务院常务会议确定的五项加强房地产市场调控的政策措施。国务院办公厅于2013年2月26日发布《国务院办公厅关于继续做好房地产市场调控工作的通知》（国办发〔2013〕17号）。

经过这么一通操作，房地产市场进入了 2017—2020 年"房住不炒"① 时代，不仅给房企套上了三条红线的政策紧箍咒，也开启解除限购、降息降税降首付去库存的过程。

我们可以理解为，国家要把全民"击鼓传花"的游戏，从游戏开发商这一环就叫停了。

2018 年，是炒房游戏的终点，也是楼市涨幅的拐点，因为从这一年开始，楼市的涨幅就从 10.5% 迅速冷却到了 2019 年的 6.6%，紧接着是 2020 年的 5.9%，2021 年的 2.8%，而 2018 年，是黄金回暖的拐点，更是新一轮牛市上涨的起点，从这一年之后，黄金就以 18.77% 的涨幅，以及 2020 年 24.55% 的涨幅，快速达到了历史上从未有过的新高——2 074 美元/盎司。国内金价也从 2000 年的百元一克，涨到了四五百元一克。

可以说，黄金做到了与楼市繁荣齐飞，又做到了楼市衰落时的逆袭。如果把这 20 年当作是一次投资的长跑，那么可以说，虽然黄金中途摔过跤，但楼市输在了半路，黄金赢在了终点。我们可以从图 1 黄金与楼市涨幅对比中看出来。

那为什么会这样呢？

从 2000 年到 2020 年这 20 年间，楼市和黄金同样是商品，我们可以从影响因素、流动性、收益三个角度来分析：

首先说影响因素。

---

① 2016 年 12 月 14 日至 16 日在北京举行的中央经济工作会议提出：促进房地产市场平稳健康发展。要坚持"房子是用来住的、不是用来炒的"的定位，综合运用金融、土地、财税、投资、立法等手段，加快研究建立符合国情、适应市场规律的基础性制度和长效机制。要在宏观上管住货币，落实人地挂钩政策。要加快住房租赁市场立法，加强住房市场监管和整顿。

第二章 / 后疫情时代我们的思考

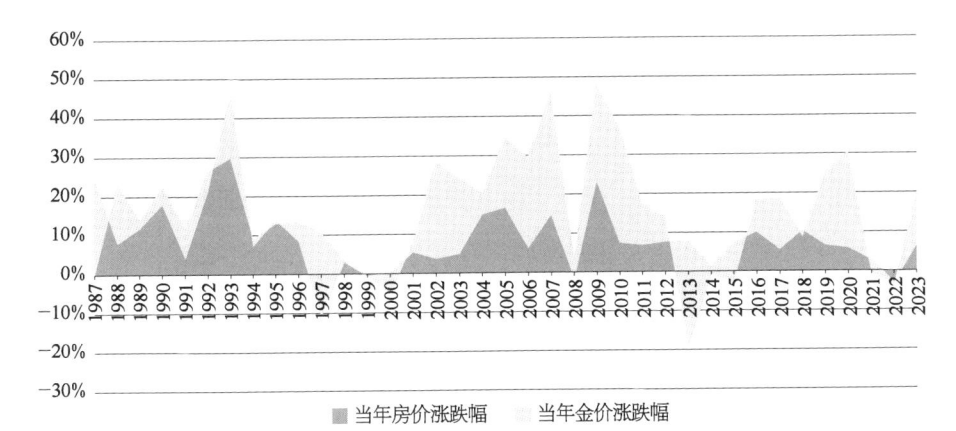

年　份	当年房价涨跌幅	当年金价涨跌幅
1987	0%	24.53%
1988	23.2%	−15.26%
1989	14%	−2.19%
1990	22.6%	−4.6%
1991	11.9%	−7.75%
1992	26.5%	−5.28%
1993	29.8%	16.8%
1994	9.1%	−1.92%
1995	12.9%	1.02%
1996	13.5%	−5.01%
1997	10.6%	−21.39%
1998	3.3%	−0.28%
1999	−0.5%	−0.09%
2000	0.3%	−5.47%
2001	5.4%	2.46%
2002	3.7%	24.77%
2003	4.9%	19.35%
2004	15%	5.39%
2005	16.7%	17.86%
2006	6.3%	23.2%
2007	14.8%	31.05%
2008	−1.7%	5.41%

续　图

年　份	当年房价涨跌幅	当年金价涨跌幅
2009	23.2%	24.86%
2010	7.5%	29.28%
2011	6.9%	10.35%
2012	7.7%	6.28%
2013	7.7%	−27.45%
2014	1.4%	−1.99%
2015	7.4%	−10.14%
2016	10.1%	8.35%
2017	5.6%	13.14%
2018	10.5%	−1.71%
2019	6.6%	18.77%
2020	5.9%	24.55%
2021	2.8%	−3.4%
2022	−3.2%	−0.3%
2023	6.4%	13.11%

数据来源：国家统计局以及世界黄金协会。

图 1　1987—2023 年房价与金价涨跌幅对比

影响楼市最大的因素，毋庸置疑是政策。这 20 年间，政策一直在"扶持和调控"间不断地交替。而黄金的政策呢，从 2002 年黄金开放之后，一直处在放开和完善的过程中。这 20 年，黄金市场经历了从国有定价到私有调控价格，从实物为主到互联网为主，从国企与散户两极参与到各类机构踊跃参与的发展过程。

我们从图 2 这张脉络图可以看出端倪。

黄金与楼市，在这场长达 20 年的经济长跑中，从政策的影响因素上来说，黄金是略胜一筹的。

其次说流动性。

一个好的市场，有买有卖，有价格市场。如果是有价无市，那么流动性就不足，也就是所谓的变现能力差，如果是有市无价，势必有垄断方控制了价格，更是变现能力差。

房地产和黄金开放脉络

1982年前黄金统购统配，由国家定价 — **1982年**，开放黄金饰品零售

1988年前房屋统购统配 — **1988年**，深圳首开土地拍卖

1993年9月1日，黄金收兑价格由国家定价变为国际金价浮动定价

1998年，停止住房实物分配，逐步实行住房分配货币化

2001年4月，中国人民银行行长戴相龙宣布取消黄金"统购统配"，并在10月成立上海黄金交易所

2001年，实施了商品房预售制度

2002年10月30日，上海黄金交易所正式开业，结束了53年的黄金封闭管理体制

2002年，首发调控217号文，整顿楼市过热

2004年2月，上海黄金交易所推出AU（T+D），标志着由黄金现货市场向金融衍生产品市场过渡

2004年，住建部18号文件把楼市定性为扩大内需、拉动经济的重要渠道

2008年1月9日，黄金期货在上海期货交易所上市，商业银行黄金业务井喷式爆发

2008年，五次上调准备金，达到16.5%的历史高位，五次降息四次降准，开启"4万亿"时代

2014年9月"上海金"的黄金国际板、配合人民币国际化，整顿黄金定价权，打造新的黄金价格中心，同年开放北京口岸，进口黄金，增持黄金储备

2014年，随着"国四条""国五条"（地产）的实行，一二线城市银行停房贷，三四线城市房价崩盘记忆延，为保障楼市预期只能解除限购

2015年，发布《黄金行业"十三五"发展规划》

2015年，降息、降税、降准、降首付，楼市启动去库存

2018年，连续三个关于黄金资质、黄金拆存、互联网黄金的新行办法的政策文件

2018年，稳房价、稳地价、稳预期

2019年，全球黄金达到8年来最高水平，我国黄金期权首次登陆上海期货交易所

2019年，开启"房住不炒"政策

2020年，全球黄金项目融资数1552项，融资金额达58.4亿美元，同比分别增加28%和32%

2020年，启动"三条红线"政策，房地产信贷收紧，贷款集中管理，多家房企暴雷

图 2 房地产和黄金开放脉络图

房地产市场中，对购房者限购，调控首付款比例，设置房企"三道红线"，推出房屋指导价，推动房产税落地，这都是在调控流动性。

在房地产这个大水池中，如果把降低准备金、鼓励预售制看作是从供给端对房地产企业开闸放水，增加流动性，那么棚改货币化，就可以看作是从楼市消费端对老百姓开闸放水，提高楼市的流动性，鼓励交易，促进市场活跃。

然而，在后疫情时代，我们看到的景象是反其道而行之的，所以，一个有价无市的房地产市场，并不是值得期待的。

反观黄金市场，从黄金的供给端，从以往的国企到私企，从各类金行金商的全面线上线下运营，再到黄金投资工具从实物金条到期货黄金、期权黄金等品种的丰富，可以看出供给端是在不断扩容流动性的。在黄金市场消费端，更是给消费者提供了极大的便利，比如你可以从多种渠道购买到黄金，并且是拥有鉴定证书的黄金，这就好像是楼市的房产证，不仅证明了你的所有权，而且验证了你的黄金资产的真实性和价值。你也可以从多种渠道进行黄金的回收和变现，不仅仅是典当行、回收小店，还可以通过互联网形式的黄金平台进行及时的回购。

可以说，黄金市场是一个流动性非常充足的市场。

最后再来说说收益。

要对比从2000年到2020年这20年间楼市和黄金的收益率，其实是很难简单比较的。

因为，楼市的收益率是很难被具象化地统计出来的。房价不像黄金，黄金有着全球或者全国相对统一的报价，就算有差价，也只是体现在不同纯度，乃至加工费、手续费等方面的差别，并且价格差别也不会太多，顶多是个位数的差价。

而房价不一样，别说不同城市，就算同一个道路两侧相邻的房价都有可能相差几百上千元不等。

很多统计机构，以全国平均房价和 20 年间平均涨幅，或者中位数房价或者中位数涨幅来做收益率统计，其实是缺乏参考价值的。所以，我们索性只做粗略对比吧，大家可以根据自身所在城市的房价情况做比较。

我们选取 2002 年 10 月 31 日的上金所 Au9999 开盘报价，是 83.98 元/克，再选取 2022 年 10 月 31 日的上金所 Au9999 开盘报价，是 390 元/克，大家可以看出，经历 20 年的波动，金价上涨了 306.02 元/克，涨幅达到 364.4%。

我们选取国家统计局 2002 年统计的当年房价平均单价数据是 2 250 元/平方米，再选取 2022 年国家统计局统计的当年房价平均单价数据是 10 185 元/平方米，可以看出，经历 20 年的波动，房价上涨了 7 935 元/平方米，涨幅达到 352.7%。

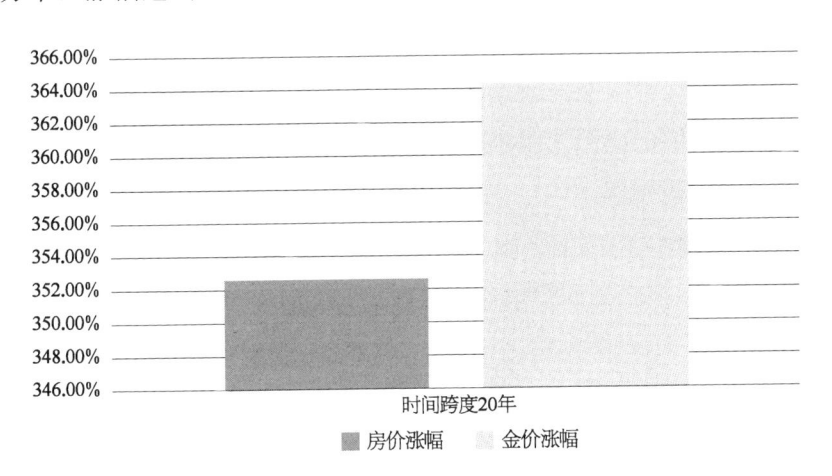

数据来源：国家统计局及上海黄金交易所。

图 3　2002—2022 年房价与金价涨幅对比

从图 3 可以看出，房价的涨幅是略逊色于黄金的，这还是在不考虑真实的变现难易程度以及各类统计误差的情况下做出的判断。

所以，房产投资并没有跑赢黄金投资，也不再安稳。不过值得注意的是，房子和黄金都具备"越贵越抢，越便宜越没人要"的属性，这一点在 20 年间很明显。

第二节　储蓄不再安稳，黄金是不会违约的"硬通货"

唐代诗人王维曾在《偶然作六首》中说："家贫禄既薄，储蓄非有素。"自古中华民族就是一个有危机意识、未雨绸缪的民族，俗话说"手中有粮，心中不慌"。古代人眼中的储蓄，并不仅仅是存钱，既有对于生活生产资料的储备，也有对投资规划的合理安排。现代人把储蓄狭义地理解为存钱，其实是不合理的。

但随着经济发展这20年消费主义的盛行，货币政策不断宽松，尤其是信用卡业务的普及，很多人习惯于寅吃卯粮，增加了财务上的负担。而这一现象，随着后疫情时代的到来而改变了。

人们对于通胀贬值和通缩衰退的双重担忧，导致年轻人开始"佛系"面对生活，消费趋于保守，贷款意愿降低，储蓄日渐增加，虽然说这是对经济环境的合理"应激反应"，但储蓄不再像从前那样安稳，银行也并不是钱的"保险箱"了。我们来看一组消息[①]：

> 1998年，海南发展银行倒闭。因其经营不善导致不良资产比例过大，出现挤兑现象。（1998年6月21日，中国人民银行发表公告，关闭仅诞生两年十个月的海南发展银行，至此海南发展银行也成了新中国金融史上第一个宣布破产的银行。）

---

① 资料来源：国家金融监督管理总局网站。

第二章 后疫情时代我们的思考

2001年，汕头商业银行管理混乱，经营不善，因高息揽存、挪用资金和账外贷款等问题导致银行后期无法兑付储户的存款，汕头商业银行于2001年8月被勒令停业整顿，到2011年，汕头商业银行被广东省人民政府批准重组为广东华兴银行。

2012年，河北肃宁尚村农信社因为资不抵债被批准破产，是国内首家被批准破产的农村信用社。

2015年，招商银行昆山分行因信贷风险控制不力，宣布破产，由人民银行昆山市中心支行接管。

2016年，新疆伊犁农村商业银行因信贷风险过大，资金链断裂，宣布破产，由人民银行乌鲁木齐中心支行接管。

2016年，珠海华润银行由于信贷风险过大，资本充足率过低，宣布破产，由人民银行珠海市中心支行接管。

2018年，肇庆商业银行因经营不善，信贷风险控制不力，由人民银行肇庆市中心支行接管。

2021年，包商银行破产。它曾被列入亚洲银行500强的前10名，一度成为全国模范性的地方银行。但是由于其经营不善，加上大股东挪用银行的资金等原因，最终于2020年宣布破产，由工商银行对其进行全面接管。

（包商银行破产后，466.77万个人客户的存款得到全额赔付，由存款保险基金和央行提供。而剩下的6.36万企业及同业机构客户则需承担10%的损失。可见，包商银行的个人存款得到了全额保障，最终还是有惊无险。）

2022年，河南村镇银行事件。河南4家村镇银行股东——河南新财富集团涉嫌通过内外勾结、利用第三方平台以及资金掮客等吸收公众资金，涉嫌违法犯罪，由政府介入处置。

国际上，自2000年以来，已经有563家银行倒闭，尤其是2008

年次贷危机，至少 3 家银行倒闭：雷曼兄弟（Lehman Brothers）、华盛顿互惠银行（Washington Mutual）、印地麦克银行（IndyMac Bank）接连倒下。

看完这些案例，我们也从政策层面了解到，金融机构，尤其是银行的破产将常态化，这一点国际上是有共识的，国内也从政策、投资者教育、市场机制三个方面慢慢过渡适应了。

当然，老百姓理解的"破产"是倒闭，但实际上我国金融业监管对它的政策是"强监管，零容忍"，再加上老百姓有"国家背书""国家会兜底"的思想，一旦金融机构出现问题，处置顺序是重组、接管、托管、撤销或者申请破产，要走完这些流程，还会有很多机会让政府和相关行业机构来介入处置的。所以，大家不必惊慌，相信咱们国家的制度优势和机制完善能力。

要知道，对于银行来说，天灾和人祸都是随时要防范的，比如经营失败的风险，银行的信用风险、流动性风险、违约风险、经济周期性风险，这些都算天灾；而人祸就更隐性了，比如银行实际控制人和内部人员的违法违规，把储户资金非法挪用的问题，形成坏账、监守自盗等问题；比如实控人违规质押、股权嵌套、股权代持等股权问题，通过信贷、债券、贴现等手段违规套取资金，输送利益，内部人控制和实控人操纵掏空机构等关联交易问题。

那咱们政府是如何应对的呢？从 2015 年起，《存款保险条例》在中国正式实施，不过大家要注意，存款保险制度[①]，不仅是给老百姓的存

[①] 存款保险制度属于一种金融保障制度，是指符合条件的各类存款性金融机构集中起来建立一个保险机构，各存款机构作为投保人按照一定的比例向其缴纳保费，建立存款保险准备金，当成员机构发生经营危机或面临破产倒闭时，存款保险机构则可向其提供财务救助或者直接向存款人支付部分或全部存款。

我国目前有 4 025 家金融机构参加存款保险，占比高达 97.43%。

款上了个保险，而且是给银行装上了赔付的"安全阀"。

一般老百姓理解的是：存款保险＝存款保障，但实际上，在这个条例被落实执行之前，一旦银行出问题，被兜底是无上限的，因为政府会接手处置，但这个条例执行后，规定了银行的赔付范围，反而是对银行的一种保护。

第一，中国境内的商业银行、外商独资银行、中外合资银行、农村合作银行、农村信用合作社等吸收存款的银行业金融机构，都必须投保，向存款保险机构缴纳保费。而在中国境外设立的中资银行分支机构，以及外国银行在中国境内设立的非法人资格分支机构除外。

第二，目前只规定了给储蓄类表内业务强制上这个保险条例，在银行的理财等其他资金用途不包含。但如果你在银行存了黄金除外，毕竟实物是必须兑付的。

第三，存款保险赔付上限为人民币50万元。

所以，大家首先要改变"银行不倒"传统观念，银行也是企业，是企业就有出问题的可能性，同时还要树立正确的防范银行风险的意识。

在行动方面，要多途径防范银行破产风险：

（1）"鸡蛋不要放在一个篮子里"，建议存款超过50万元的储户分散银行来存款，因为2015年正式实施的《存款保险条例》第五条规定了存款保险实行限额偿付，最高偿付限额为人民币50万元。

（2）选择安全性相对高的银行，比如"中农工建"（财政部、中央汇金公司直接管控的四个大型国有银行）、已上市的股份制中小银行等。

（3）多元化配置自己的资产，这时候就要提到黄金了。毕竟黄金是超越银行资产负债层面的，随时可变现，不会违约的"硬通货"。

总之，老百姓愿意把钱存到银行里面，首要想到的就是安全性，这个安全性的背后，就是背书的稳定性。

银行的背书，已经从国家政府层面逐步过渡到制度法律层面，所以盲目过度地信任银行背书不可取；而黄金的背书是全球人类赋予的持久不变的信任背书，这一点是黄金从历史长河中走到现在一直熠熠生辉，被人青睐的原因。

第三节 股市不再是散户的主场，转战黄金市场更显博弈本色

中国的股市作为一个大融资盘，有着和其他国家不同的特色和使命。

国家一直在推行股市的"去散户化"，这个话题，其实争议一直非常大，支持和反对的两方声音，一直不绝于耳。

首先说，"去散户化"是什么意思呢？通俗来说，就是降低市场中个人投资者的比例，提高大户投资者的门槛，提高机构投资者的比例，有媒体也解读为"让散户抱团，把自有资金集合起来与机构一起，间接地进入市场"，或者叫"将散户的投资交易行为转变为大规模机构投资者的投资交易行为"。

说到这，有人支持，是因为自己炒股确实赔了不少；有人反对，因为自己炒股赔了不少，但机构投资业绩也不咋的，还不如"自己搏一搏，单车变摩托"。

其实，这两种声音在目前的市场环境下，都对。因为"去散户化"不能解决一定赚钱的问题，也不能解决市场完善健全的问题。鱼和熊掌不可兼得，是因为你没有更多的选择和组合，更是因为你除了自己做选择，很难信任第三方来帮你做出更好的选择。

我们先看几个事实和数据。

1. 市场永远存在"721"的魔咒，即"7亏、2平、1赚"，这个不仅对散户有效，对大户、机构也同样有效。

2. 市场存在"幸存者偏差",人们永远是赚钱高调,赔钱闷声,媒体造股市明星永不过时。

3. 截至 2023 年 4 月,A 股账户数量为 1.98 亿户,活跃用户 6 000 万,央视《经济半小时》对 76.46 万名股民进行调查:2022 年有 92.51% 的股民亏损,只有 4.34% 的股民盈利。

4. 根据公开信息显示,2023 年 A 股市场的股民人均亏损约为 6.5 万元,截至 2023 年 7 月底,A 股股民销户数为 25.7 万户。

思考上面四条,为什么会这样呢?

首先,中国股市约有 4 500 只股票,要从中挑选能赚钱的股票,需要一个概率化的决策,碰巧你选择的板块中的个股碰到了利好的政策支持,而且这家公司的运营业绩还是好的,恰好你又踩准了这只股票的波动节奏,在对的价格买入,又能在对的价格及时卖出。

这一系列环节中,至少有选股、选时机两个不确定因素存在,而这两个因素的背后,又是在各种各样政策、利率、消息等不确定因素的干扰下完成的。

再说股市本身,中国经济发展迅猛,为什么这么多年大盘一直围绕着 3000 点徘徊呢?结合上一节的楼市问题,一句话可以解释清楚:1998 年房改,落实货币化,相当于全国来了一次 IPO,出售的不是股票,而是房子,全民参与的那种 IPO,所以中国经济的晴雨表不是股市,而是楼市,而当"房住不炒"时代来临,在经济引擎替换的过渡过程没走完前,股市还很难担负起晴雨表的作用。而黄金却是一直担负着价值锚定作用的。

何况,散户在个股持股比例中,属于弱势地位,靠博弈取胜,需要出众的决策能力。

而投资黄金呢,就没有这么复杂的选择过程,投资者只要专注于黄金的价格和价值本身,专注在选时机这一件事情上。只要踩准了涨跌的节奏，无论是长期跟随黄金做价值投资，还是中短期攫取黄金做差价博弈，都是可以赚钱的。

这就好像谈恋爱，股民们每天都在"找对象""换对象"，了解对方的情况，然后付出时间做调研，投资精力和资金，还要跟机构和大户这种"高富帅"们进行隐形的竞争，提防这只股票"嫌贫爱富"，被资本和老鼠仓迷惑得团团转。而投资黄金，就像是谈专一的结婚对象，任何"高富帅"，在黄金面前人人平等，市场也不会被所谓的庄家简单地左右，而你只需要了解他的涨跌脾气，你越是了解他，就越能游刃有余地把握住他的脉动，跟他谈一场轰轰烈烈的爱情吧！

2022Q1A股投资者结构全景分析[①]

截至2022年第一季度，流通市值口径下A股投资者结构测算得到：一般法人持股占比最高，为43.64%；个人投资者次之，为33.78%；外资持股市值占比4.77%；境内专业机构投资者合计持股市值占比为17.80%。

境内专业机构投资者内部，公募基金、私募基金、保险（不含通过基金持股）、养老金持有流通股规模比重较高，依次为8.26%、3.23%、2.29%、1.62%。

---

① 资料来源：华西证券研究所的《A股投资者结构全景图》。

第三章

解惑黄金的那些疑问

黄金很多,但你拥有的很少。

黄金是非升息资产,但却是保值增值的利器。

黄金不是货币,胜似货币。

变幻多样的黄金,历久弥新。

只有黄金存在重新锚定货币的能力,它见证了人民币的崛起。

金价涨跌的背后是一次次经济危机下信用的稀释过程。作为信用的砝码,黄金一直权衡着人类经济的底线。

第一节　黄金真的稀缺吗？

黄金真的稀缺吗？答案是：既很稀缺，也并不稀缺。

它因为不能被制造而稀缺，又因开采量不低，储量也不低，而不稀缺。

因为贫富分配不均，日常使用频次低而稀缺，又因易变现、好流通的共识而不稀缺。

黄金是不能被制造出来的，它被戏称为"上帝花园中的珍贵残骸"。对于"金"元素的形成，综合当前的科学探测水平，猜测它的产生或许是这样的：

宇宙大爆炸，产生了始祖元素"氢"和"氦"，然后恒星聚变，将氦燃烧成碳，然后继续合成碳、氧、硅、硫、铁、镍、钴（慢中子捕获过程），随着恒星燃料耗尽，塌缩过程开始，也就是超新星爆发，彻底变成中子星或黑洞，而当产生中子星合并这种天文级别的能量释放事件发生的时候，就产生了黄金、铂、汞、铅和铀等这类重元素（快中子捕获过程）。

据估计，每一个类似银河系的星系中，中子星的碰撞事件每 10 000 到 100 000 年发生一次，这意味着在太阳系形成之前，在我们的星系中大约有 100 到 100 万次中子星的合并，使星际物质中富含重元素。

我们还能想到的是美国漫威电影作品中，雷神之锤的锤头取自中子星，而你手上的黄金同样也来自中子星，这意味着什么呢？

其实我们可以简单地表达为：金元素是在超新星爆发或中子星碰撞时产生和飞溅出来的，这些金元素在地球形成过程中，随熔岩下沉到地球内部，只有剧烈的地质运动，才会把黄金带出来，涌动到地表，形成了一条条人类有能力开采的矿脉。

更重要的是，人类想要把碳变成钻石，只需要模拟 2 300℃、15 到 18 个大气压环境就可以了，而要制造出黄金，除非你是上帝，并且手里有中子星级别的加工厂！

所以说，钻石好造，黄金难求！把平面五边形的石墨分子挤压成立体的形状，钻石就造出来了，而黄金只能从原子核入手，就算是用原子对撞机造黄金也是不稳定的，且难以量产。所以，这个难度相当于黄金不可被制造了。

总之，"黄金恒久远，一克永流传"！

再说到为什么黄金不稀缺呢？因为黄金的每年开采量并不低，储量也不低，所以不稀缺。

我们来看几组来源于世界黄金协会的数据：

1. 从古至今，估计已有约 209 000 吨黄金被开采出来，价值约合 12 万亿美元（见图 4）。

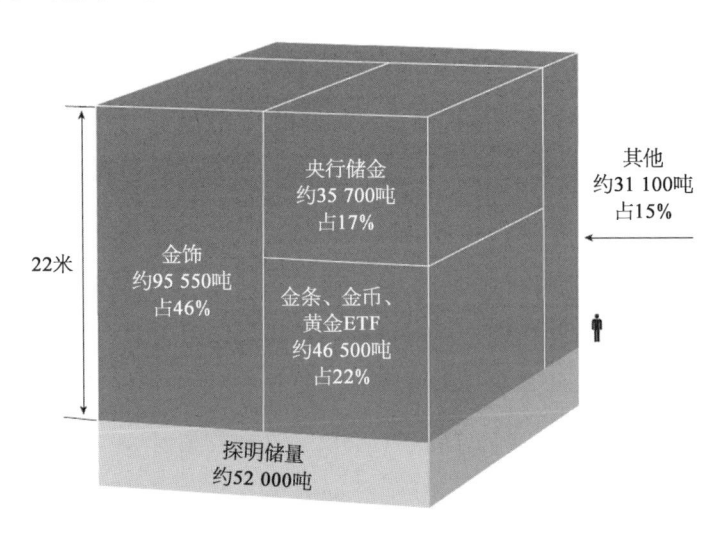

央行储金 约35 700吨 占17%

其他 约31 100吨 占15%

22米

金饰 约95 550吨 占46%

金条、金币、黄金ETF 约46 500吨 占22%

探明储量 约52 000吨

数据来源：世界黄金协会。

图 4　地上黄金总量及比例

2. 饰品类黄金，约占地上黄金存量的一半，以投资形式存在的金条、金币以及央行储备等约占黄金总量的 40%。

3. 以金饰形式存在的黄金约占总量的 46%（约为 95 547 吨，约合 6 万亿美元）；各国央行持有 17% 的黄金（约为 35 715 吨，约合 2 万亿美元）；作为储备以金条和金币形式存在的黄金约占总量的 21%（约为 43 044 吨，约合 3 万亿美元）；由实物支持的黄金 ETF 基金约占总量的 2%（约为 3 473 吨，约合 0.2 万亿美元）；其余部分则用于各种工业用途或由其他金融机构持有，约占总量的 15%（约为 31 096 吨，约合 2 万亿美元）。

4. 金矿产量每年约为 3 500 吨，相当于每年地上存量增加 2%。

5. 说到中国，中国已查明的黄金资源储量约 14 131.06 吨，仅次于南非（截至 2019 年），自 2007 年以来，我国黄金产量已经连续 13 年位列全球第一。

6. 在 2023 年仅山东莱州西岭金矿勘查就发现 580 吨，约 2 000 亿元的经济价值。

7. 全球 209 000 吨已开采出来的黄金，按照目前全球 80 亿人口计算，平均每个人可以分配到 26.125 克，而中国按照已查明的 14 131.06 吨和 14 亿人口计算，平均每个人可以分配到 10.09 克黄金。

所以，黄金因为贫富分配不均、日常使用频次低而稀缺，又因易变现、好流通的共识而不稀缺。

第二节 黄金真的保值吗？

黄金本身不保值，却是让钱保值的利器；黄金本身并不生息，却是沉淀资产资金、浓缩资产的利器。

黄金，它本身是"非生息资产"，或者叫"无息资产"，也就是不直接产生利息的占用性资产，巴菲特也将黄金称作"不会生蛋的鸡"，并且黄金的价格会产生随行就市的波动。

但是，黄金因为对标的信用货币价值相对恒定而保值，比如，黄金涨，美元就跌，有这个负相关的价值绑定关系。所以说，黄金保值的是价值而不是价格。

为什么说，黄金是让钱保值的利器呢？

因为：

货币会因为超发而贬值，黄金则不会；

货币会因为国家动荡、经济制裁而兑换困难，黄金则不会。

除了货币，对比其他资产，比如股票或商品，黄金也是优势明显。

股票投资有赔有赚，股票资产虽然不会变成负数，但却有长期被套和退市的资产清零风险；商品投资，更是有资产价格变为负数的风险，比如2020年的美国WTI期油"负油价"事件，油价都跌到负数了，黄金则永远不会出现这个问题。

黄金保值的特性是什么？

（1）价格波动性高于债券，但低于股市，波动适中。

（2）价值共识的覆盖面广泛，黄金可以全球通兑。

(3)收益率稳健,既可以包裹住大多数货币的基础利率,也不会出现超高的收益率,导致投资风险无限扩大。

我们从图5各国(地区)的基础利率上可以看出债券市场利率的情况。

图中数据:
俄罗斯,15%；美国,5.5%；英国,5.25%；加拿大,5%；南非,8.25%；欧元区,4.5%；韩国,3.5%；印度,3.35%；巴西,11.25%；新西兰,5.5%；澳大利亚,4.35%；瑞士,1.75%；中国,1.5%

数据来源:世界银行数据库。

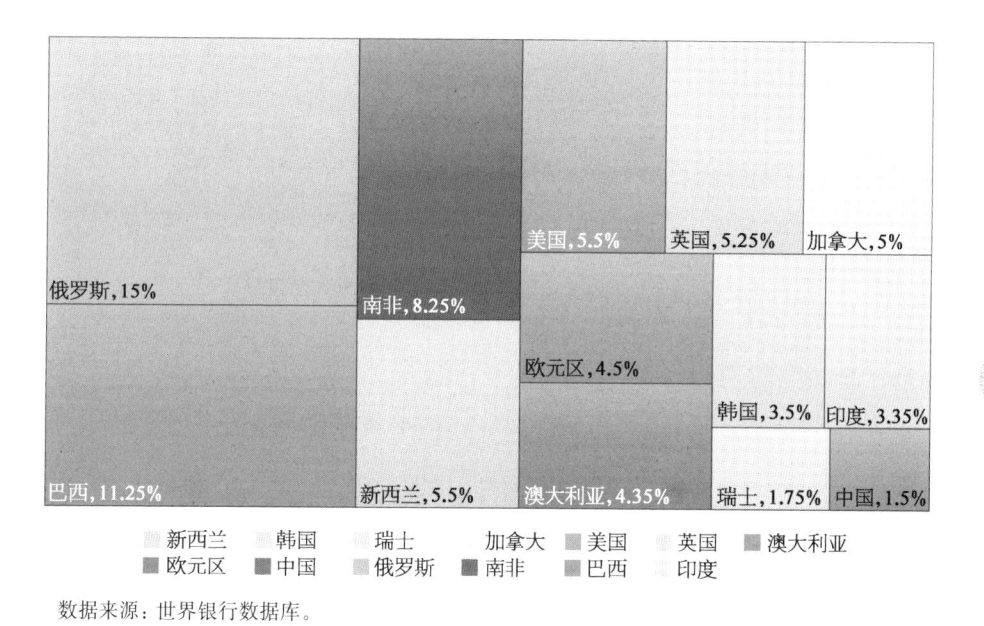

图5 2023年各国(地区)基础利率

根据世界黄金协会的统计,截至2023年12月,自1970年以来的回报率为7.92%;自1993年以来的这30年期回报率为6.11%;自2003年以来的这20年期回报率为8.97%;自2013年以来的这10年期回报率为2.14%;自2018年以来的这5年期回报率为7.92%(见图6)。

根据世界黄金协会的统计,根据高斯混合模型(GMM)算法,纵观2000年以来,截至2023年12月,黄金平均回报率为12.21%,2013年最低,为−14.52%,2007年最高,为36.82%。在这24年间,仅有5年的黄金回报率为负数,而占绝大多数的19个年份是正回报率(见图7)。

图表数据：

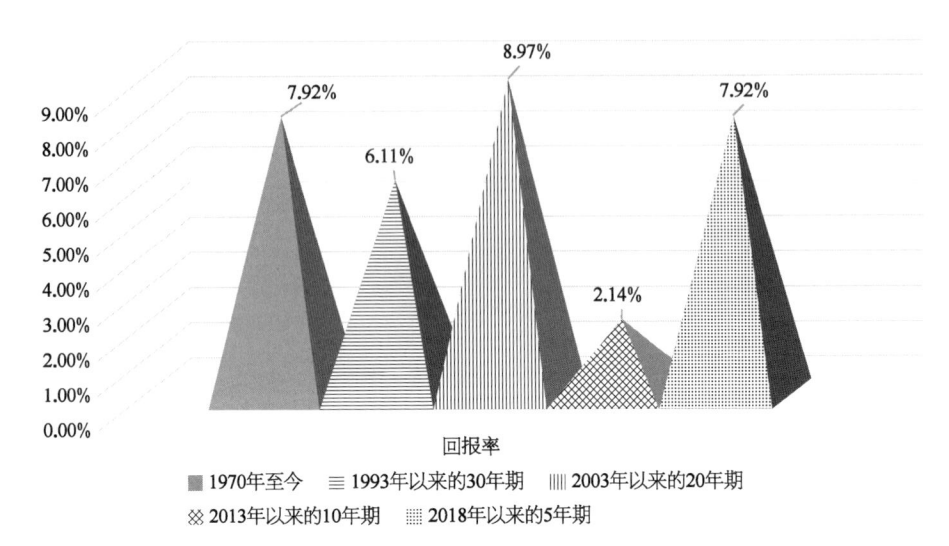

图6 各个周期的黄金收益率

- 1970年至今：7.92%
- 1993年以来的30年期：6.11%
- 2003年以来的20年期：8.97%
- 2013年以来的10年期：2.14%
- 2018年以来的5年期：7.92%

数据来源：世界黄金协会。

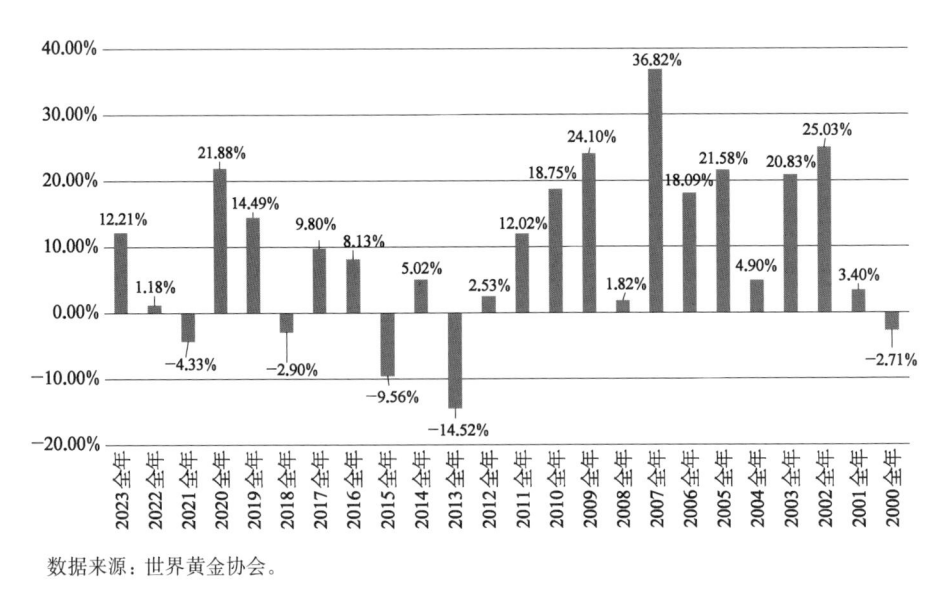

图7 自2000年以来，黄金每年的回报率

年份	回报率
2023全年	12.21%
2022全年	1.18%
2021全年	-4.33%
2020全年	21.88%
2019全年	14.49%
2018全年	-2.90%
2017全年	9.80%
2016全年	8.13%
2015全年	-9.56%
2014全年	5.02%
2013全年	-14.52%
2012全年	2.53%
2011全年	12.02%
2010全年	18.75%
2009全年	24.10%
2008全年	1.82%
2007全年	36.82%
2006全年	18.09%
2005全年	21.58%
2004全年	4.90%
2003全年	20.83%
2002全年	25.03%
2001全年	3.40%
2000全年	-2.71%

数据来源：世界黄金协会。

总结来看，正是由于黄金的平均回报率为 9.52%，显然是可以覆盖住除俄罗斯、巴西以外的各个国家基础利率水平的。那么，黄金就成了平衡本币利率水平的重要工具。可以说黄金的稳健性显而易见。

最后说说保值，它是一个瞬时概念。

大家认知中的保值，就是让资产随经济的发展保持相对不变的价值，但任何国家的货币，都在贬值或升值中，在不断动态调整中，而你的收入和资产相对来说动态调整的幅度并不会那么大，所以，不管是衣食住行，还是投资，你很难一直抓住这个"保值"的临界点，让资产每时每刻都处在保值的状态。

这就好像坐过山车一样，车上的人在上上下下的过程中运动，那么"动"才是常态，而某一瞬间的静止，是很短暂的非常态。

有人说：我做了 20 年投资，让资产升值了或保值了。这也是在某一个时间节点清算的时候得出来的瞬时的结果，并非以往或未来你都可以持续保值的状态。

所以，投资黄金可以给你的投资生涯安装上一个非常稳健的稳定砝码，让我们在对抗通胀、对抗贬值的风险中，更加有博弈未来的底气。

第三节　黄金还能成为货币吗？

黄金还能成为货币吗？

答案是不能。

人类从有货币体系开始，主要经历金属铸币、金本位铸币＋法币、主权信用＋法币三个阶段。

目前我们就处在各国政府用主权信用来发行法币的阶段。

只要主权国家这个概念还存在，主权国家的边界还存在，那么主权信用货币就不会消亡，黄金就不可能成为普世的直接"商品货币"。

先说一个中国货币大一统的故事：

秦始皇统一六国后，推行"以秦币同天下币"的统一货币改革，但是由于秦朝的短命，加上现存的史料记载不足，这次统一货币改革并未贯彻落实。

到了西汉，草莽出身的创国英雄们，没有意识到统一货币的重要性，而且当时的汉廷官员简单地认为，货币就是钱，货币就是财富，穷是因为没钱，所以只要多铸造些铜钱，人民就富了，朝廷也富了。况且，刘邦在位期间，依然继续沿用秦朝时遗留下来的货币——"秦半两"铜钱，并没有意识到要铸造一种新的汉朝货币，后来汉廷官方铸造了一种新的劣质轻小的"半两"铜钱，这种劣质铜钱也是模仿先朝的"秦半两"而铸。

它的面文也是半两，在当时也叫"半两"钱，但其重量大约只有三铢，只有标准"秦半两"的 1/4 重，为了加以区分，后人又将其称为"榆荚半两钱"（见图8）。

资料来源：中国国家博物馆。

图8 汉朝初期的"榆荚半两钱"

这样一来，原来的一枚标准"秦半两"经过重熔改铸后，变成了三四枚新的"榆荚半两钱"，再加上把一些铜器熔化改铸，就能大大增加铜钱的数量，增加汉廷的财富。

以古看今，是不是像极了现在全球各国用信用不断滥发货币，导致货币贬值、通胀加剧的情况？

与此同时，汉廷还鼓励民间也自由铸造这种劣质轻小的"榆荚半两钱"，增加人民手中的财富。

在汉廷官员们看来，这是增加人民和朝廷财富的最便捷有效的方法。在这种简单的思维逻辑支配下，汉初朝廷鼓励官民共同自由铸币，不受约束。

青年才俊贾谊书写了《谏放民私铸疏》，提交给汉文帝，明确指出允许民间私铸铜钱的弊端，并主张以帝王为首的朝廷垄断铜矿资源，垄断铸币权。

引用《谏放民私铸疏》中的一段文字：

> ……夫事有召祸而法有起奸，今令细民人操造币之势，各隐屏而铸作，因欲禁其厚利微奸，虽黥罪日报，其势不止……又，民用钱，郡县不同；或用轻钱，百加若干；或用重钱，平称不受。法钱不立，吏急而壹之虖，则大为烦苛，而力不能胜；纵而弗呵虖，则市肆异用，钱文大乱……今农事弃捐而采铜者日蕃，释其耒耨，冶熔炊炭；奸钱日多，五谷不为多……奸数不胜而法禁数溃，铜使之然也。故铜布于天下，其为祸博矣。

贾谊提出，国家应垄断铜矿资源，并垄断铸币，有七大利处：一、将铜矿收归汉廷垄断，可减少私铸犯罪；二、铜钱皆由汉廷官方铸造，标准统一，民众用钱不必相互猜忌是不是伪劣币；三、人们不再热衷采铜铸币，老老实实从事农业生产；四、帝王可利用铸币权来调控铜钱的重量，从而调控物价；五、铜矿可铸币，也可铸成兵器，铜即是财富的代表，帝王掌控铜矿，可按等级贵贱进行行赏，树立帝王权威，明确等级之别；六、帝王垄断铜矿，垄断铸币，就可吸收社会剩余财富，充实国库，并抑制商人投机暴利活动；七、汉廷可用多余的铜钱，与匈奴争夺民心。

贾谊关于"帝王垄断铸币权"之论，具有相当的开创性和系统性，《谏放民私铸疏》可能是我国（也可能是全世界）最早系统阐述"垄断铸币权"的专文。

但可惜的是，汉文帝并未采纳，直到汉景帝平定七国之乱之后，才将铜铁矿资源逐渐收归国有，并设立工官、铁官，负责管理矿藏的开发与铜钱铸造，从而切断了民间私铸的原料来源。

到汉武帝时期，又进行了一次重大的货币改革：将铸币权收归中央朝廷独有，禁止以往各种铜钱的使用，禁止所有郡国或民间私自铸币，并重新开铸一种统一的新铜钱——"上林三官五铢"，通行全国。

至此，中国货币史上才首次出现真正的货币大一统局面。也正是有了这次货币大一统，才给了后来汉武帝开疆扩土、踏平匈奴、奠定国家安定繁荣的基础。

故事讲到这里，其实总结起来就一句话：铸币权是政治权力的一部分。无论是古代的金属铸币改铸，还是现代的纸币发行，无不如此。

那为什么现在不再用铸币，而改为纸币了呢？

主要是五个因素：成本过高，容易仿制，流通不畅，损耗严重，贬值不可控。

（1）成本过高。目前美元各面值纸币的制作成本不高于19.6美分，约合1.4元人民币，欧元各面值纸币的制作成本不高于16欧分，约合1.25元人民币，人民币各面值纸币的制作成本不高于1.2元人民币，最小面值的1元只有0.3元人民币。

但如果是金、银、铜呢？从开采到铸造，成本就更高了。

（2）容易仿制。金、银、铜作为历史上成为铸币的三种材料，无论是形制还是规格，都很容易仿制，而纸币蕴含了很多科技，仿制是非常难的。

（3）流通不畅。正所谓，劣币驱逐良币，同样都是1美元的两个银币，一个含银量371格令，另一个含银量350格令，肯定是后者在市场中流通得更好，虽然前者内在价值高，也足值，但无奈流通不畅而更容易被储藏，从而引发法定价值的贬值失衡。

（4）损耗严重。金、银、铜这三种金属容易磨损或被人为地削剪或偷挫，导致损耗。

（5）贬值不可控。综合以上因素，导致铸币贬值的因素是非常不可控的。

所以，纸币代替铸币，信用货币代替实物货币，是大势所趋。

但主权信用货币，也有其自身的问题，那就是币值的不稳定。大家都知道目前全球货币体系中，有约170种货币，互相的汇率价格每分每秒都在变动。币值的不稳定，带来的是经济的不稳定，也带来了新经济形态下的无形财富掠夺，比如美元潮汐带来的亚洲金融危机等。

而未来，数字货币＋黄金，或许是解决主权货币信用边界，完成信用共识体系建立的关键。

说回到黄金，作为掌控全球贸易的核心货币锚定的高光时刻，大约是150年前。

金光闪闪的英国霸权

从1717年牛顿将黄金与英镑挂钩，以每金衡盎司兑换3英镑17先令10便士起，黄金就开启了制霸全球贸易的旅程。

牛顿想要创造出和黄金一样好的货币，像黄金一样稳定的货币，固定汇率就是当时最好的选择。

1816年英国议会通过《金本位法案》，规定每1英镑含7.322 38克纯金。随着英国海外殖民地的扩张，金本位成为全球主要的贸易结算模式，这也是人类历史上最早的统一的国际货币体系。

这个模式的特点是，黄金铸造自由，黄金与货币兑换自由，黄金进出口自由。

从1914年起，第一次世界大战打响，英国议会通过《1925年金本位法案》，形成了"金块本位"与"金汇兑本位"并行的格局。

这个模式的特点是，黄金的熔铸、流通和兑换开始受限于英镑，其他货币按与黄金的比值兑换英镑。虽然核心还是黄金，但弱化了金本位（古典金币本位）的作用，可以说"金块本位"与"金汇兑本位"是打了折扣的"金本位"。

1931年，由于战争经济的崩溃，英国被迫停止英镑兑换黄金，彻底放弃了金本位。

第三章 解惑黄金的那些疑问

对黄金旧情复燃的美元霸权

1937 年,第二次世界大战硝烟弥漫,美国接过了英国霸权的接力棒,开启了主导国际贸易的剧情。

1944 年,44 国在美国新罕布什尔州布雷顿森林举行会议,制定了著名的《布雷顿森林协定》,承袭了金汇兑本位的模式,把英镑换成了美元。并且美国罗斯福总统签署《黄金储备法案》,以"1 盎司兑换 35 美元"。

在美元体系的金汇兑本位实行了 26 年后,一个巨大的问题出现了。由于美元是世界货币,当各国都在用美元结算的时候,也会有更多国家去储备美元,一旦美元贬值,那么储备黄金的硬性兑换就面临极大的流出风险,而随着美元的不断超发,兑换变得越来越不可能。

这就是著名的"特里芬难题"——美国收支平衡和美元币值稳定的矛盾。

所以,在 1971 年,尼克松主动宣布关闭黄金兑换窗口,并且绑定了另外一个"隐性担保物"——石油。这是美国从储备黄金战略转向对中东战略控制的起点。因为原油不是单纯的商品货币,而是一种能源消耗品,对原油的调控,变成了对美元币值的变相调控。

其实,在历史上,第一个想摆脱金银这个锚定的人,是朱元璋。他是历史上第一个成功依靠帝国权力和国家信用,发行纯信用纸币,摆脱黄金白银束缚的帝王。可以说,中国是人类历史上第一个纸币帝国,现今美联储和美元的很多货币套路,都是中国古人玩过的。

当时,朱元璋下诏设立宝钞提举司,作为纸币发行的专门机构,发行"大明通行宝钞"。

这个宝钞以桑皮纸作为基础材料进行印刷,面值有一百文、五百文、一贯等。其中,一贯的纸币面积是最大的,长 32 厘米,宽 21 厘米,和一个笔记本电脑屏幕大小一样。这是世界历史上面积最大的钞票。

与此同时,朱元璋推行了"禁银令",禁止民间使用黄金和白银。正是这样一个举措,让百废待兴的明朝,从一个战后缺乏金、银、铜这三类商品货币的新兴国家，逐渐恢复起经济和贸易。虽然后来，正德年间（公元1506—1521年），随着经济发展，铜和银不再缺乏，并且逐步出现了"金花银"，铜钱和白银开始被官方认可并流通，但前期安全使用60多年的"大明通行宝钞"对后期的贡献可以说功不可没。

我们再来看600年后的美国罗斯福新政，不仅同样地禁止民间流通黄金，更是宣布废除通行了100多年的"金本位"，沿用打了折扣的"金汇兑本位"，并且施行美元纸币的政府主导下的"通货膨胀"，即大量印钞。再到后来，尼克松宣布关闭黄金兑换窗口，直到1976年，国际货币基金组织临时委员会通过的《牙买加协议》彻底取消了黄金官价，取消了中心汇率，以SDR（特别提款权①）代替黄金，开启了各国汇率自由定价的时代。可以说，尼克松是把黄金拉下"商品货币"神坛、结束金本位时代的标志性人物。

在黄金高光的150年后，值得说的一个年份是1884年，恩格斯出版了《家庭、私有制和国家的起源》，对现代国家概念作了重要定义，对后世各国铸币权的归属也给出了明确的定义：货币价值控制权一定掌握在政府手里，而不是金矿企业手里。所以，黄金被各国束之高阁，以信用货币取代，也就不足为奇了。

总之，在历史上黄金经历了金本位、金块本位以及金汇兑本位，黄金成为货币锚定的历史已经结束了，但成为应急货币和信用货币背后价值的影子，依旧合理地存在着。所以，我把在货币视角下的黄金称为：回不去的金本位，永恒的备胎；永远的价值与价格调节器；信用货币天平上的重要砝码！

---

① 特别提款权（Special Drawing Right，SDR），亦称"纸黄金"（Paper Gold），最早发行于1969年，是国际货币基金组织根据会员国认缴的份额分配的，可用于偿还国际货币基金组织债务、弥补会员国政府之间国际收支逆差的一种账面资产。其价值由美元、欧元、人民币、日元和英镑组成的一篮子储备货币决定。

扩展资料

自第二次世界大战以后，美元霸权统治全球金融经济长达80年，直到1999—2002年，产生了欧元，在2009年中国的人民币也开启了国际化进程。可以说，从2009年以后到现在，世界货币体系进入了三强争霸的格局。

目前，欧元和人民币在国际结算中的份额在逐步扩大。根据Swift公布的2023年10月份的数据，美元仍然是全球支付市场上最主要的货币，占比为46.5%；欧元紧随其后，占比为23.6%；人民币位居第三位，占比为4.2%。

在新的国际货币格局稳定下来之前，在这个货币价值剧烈波动的过渡时期，黄金就显得尤为重要了。

非美元国家的货币，为了使自身不贬值，除了调动利率变化跟随美元潮汐调整之外，也在积极配置黄金。黄金不仅成为各国主权信用货币的坚挺背书，而且成为服务于各国货币互换临时性锚定标的物。可以说，黄金就是货币汇率间的一个重要砝码。

我们剖析黄金这个砝码，会发现全球最重要的经济体和国家的货币背后都有明显的黄金储备比例来支撑。

据世界黄金协会截至2023年12月的统计，我们按照官方黄金储备量排序，排名前35名的国家黄金储备量和黄金占外汇储备比见图9。

其中：美国黄金储备8 133.46吨，黄金占其外汇储备69.50%；德国黄金储备3 352.65吨，黄金占其外汇储备68.60%；中国黄金储备2 640.28吨，黄金占其外汇储备8.9%。

由于欧元的前身是德国马克，我们可见欧元区的黄金储备量以及占外汇储备的比例与美国旗鼓相当。中国的黄金储备量以及占外汇储备的比例还有很大的上升空间。

	数量(吨)	黄金占外汇储备
美国	8 133.46	69.50%
德国	3 352.65	68.60%
中国(包含台湾省和香港特别行政区)	2 640.28	8.90%
意大利	2 451.84	65.80%
法国	2 436.94	67.10%
俄罗斯联邦	2 332.74	26.00%
瑞士	1 040.00	8.10%
日本	845.97	4.40%
印度	803.58	8.70%
荷兰	612.45	57.90%
欧洲央行	506.52	36.10%
土耳其	497.51	29.40%
葡萄牙	382.63	72.40%
乌兹别克斯坦共和国	373.24	72.80%
波兰共和国	339.95	12.30%
沙特阿拉伯	323.07	4.60%
英国	310.29	11.60%
哈萨克斯坦共和国	307.74	58.20%
黎巴嫩	286.83	56.40%
西班牙	281.58	18.20%
奥地利	279.99	59.50%
泰国	244.16	6.90%
新加坡	230.25	4.30%
比利时	227.40	36.80%
阿尔及利亚	173.56	13.80%
菲律宾	164.77	10.70%
委内瑞拉玻利瓦尔共和国	161.22	84.30%
伊拉克	132.75	7.70%
巴西	129.65	2.40%
埃及	125.97	24.20%
瑞典	125.72	13.90%
南非	125.41	13.20%
墨西哥	120.05	3.70%
利比亚	116.64	9.20%
希腊	114.37	56.40%

数据来源：世界黄金协会。

图 9　世界官方黄金储备一览表（截至 2023 年 12 月）

不仅如此，从黄金储备量的变动角度上，我们也可以发现，中国大陆从2003年以后就逐步增持，截至2023年黄金储备量达到1 713.8吨（见图10），开启了增持黄金的加速过程。从图11至图13的对比来看，可见在黄金这个砝码中，未来中国的权重会有更大的增长空间。

数据来源：世界黄金协会。

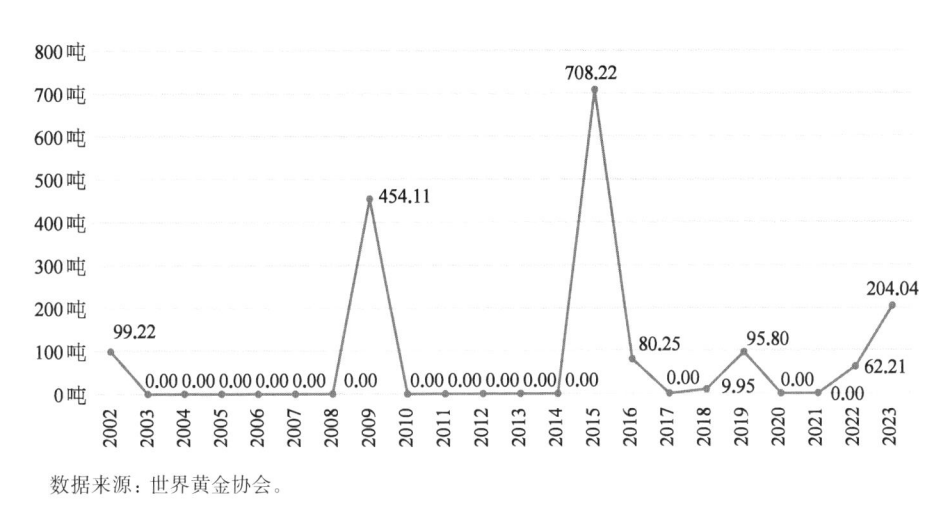

图10 中国大陆黄金储备21年间的变动情况

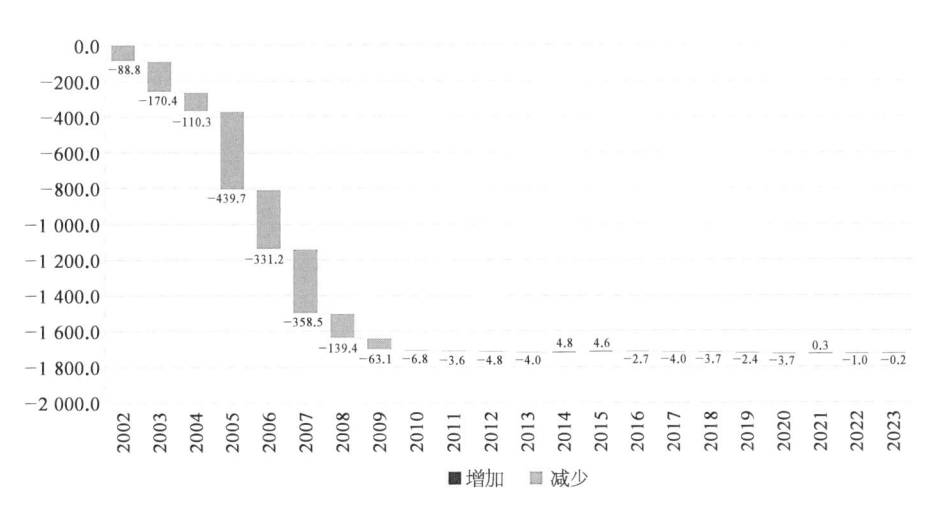

数据来源：世界黄金协会。

图11 欧元区黄金储备21年间的变动情况

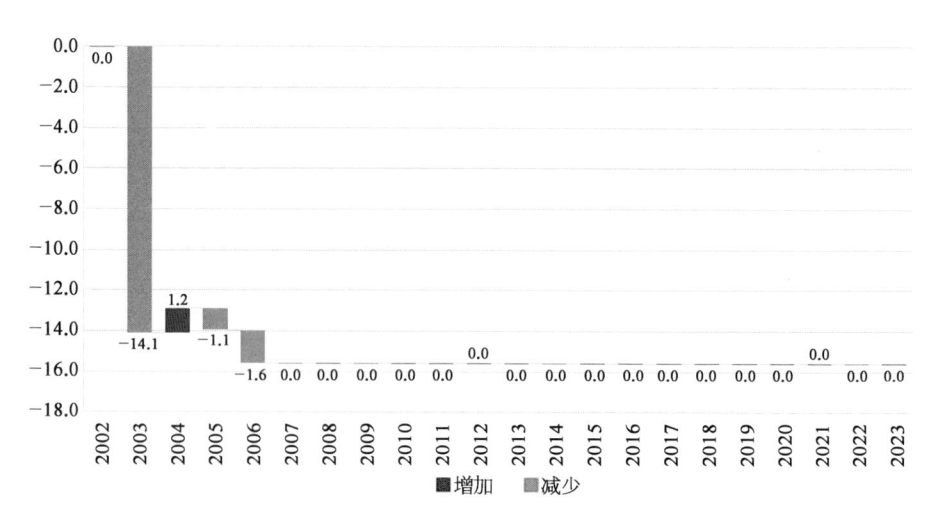

数据来源：世界黄金协会。

图 12　美国黄金储备 21 年间的变动情况

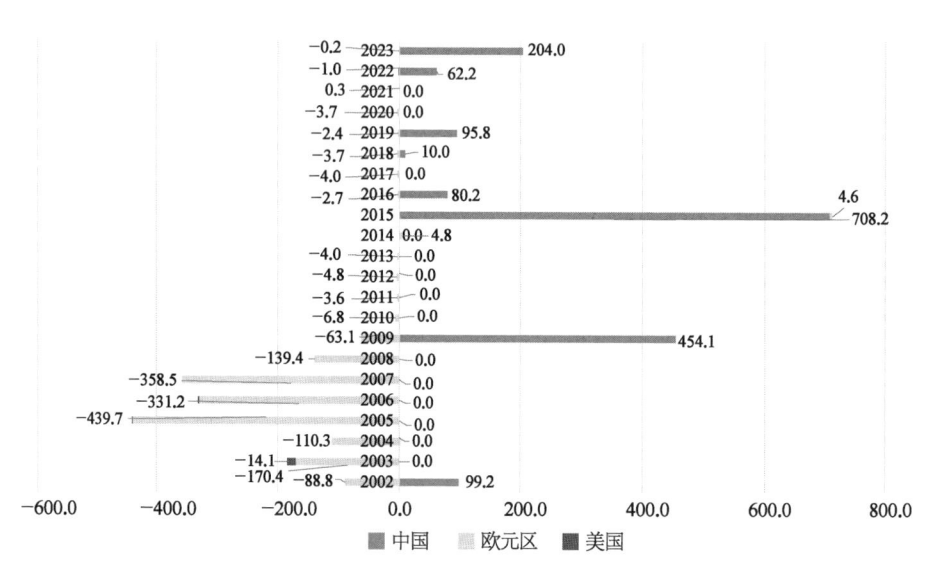

数据来源：世界黄金协会。

图 13　中美欧黄金储备 21 年间的变动情况

第四节　黄金的分身有哪些？

一种食材往往有很多种做法，各有各的风味。黄金也是如此。

历史车轮滚滚向前，黄金这种材料，已经变身出了丰富多彩的分身，如实物黄金类，有饰品、金币金条、工业医疗材料等；电子黄金类，有期货黄金合约、期权黄金合约、现货黄金合约、黄金凭证、黄金保险等各类衍生品。

大家为什么要了解黄金的分身呢？是因为黄金以实物、期货、金融衍生品、战略储备这几个分身活跃在矿业、消费行业、金融行业、国资储备这几个领域。

而黄金的价格波动又受到了来自上述各个行业的供需逻辑的影响，从而综合形成了目前看到的金价波动。

如果你关注金价，除了需要关注美元、人民币、各类财经数据外，还需要了解上游金矿企业对期货市场合约方向的周期性影响波动；更需要了解中游黄金加工生产企业对黄金现货板料的周期性供需影响导致的价格波动；还需要了解下游投资者对黄金的礼品投资等季节性需求。

因为了解这些可以帮助你更透彻地理解和分析金价的涨跌逻辑，更加掌握黄金的脉动。

我们就是要以多元化的视角，从价格本身出发，从黄金涉及的行业角度出发，深入浅出地做一个综合性的描述，以期为大家全盘梳理黄金价格波动背后的核心逻辑。

一、实物黄金领域的分身

我们先来全盘了解一下实物黄金涉及的主要行业情况。

（一）实物黄金的上游矿业

中华人民共和国刚成立的时候，百业待兴，一穷二白，黄金生产并没有被列入国民经济计划，当时国内黄金总存量仅有十几吨。

最早提出开采生产黄金的是我们敬爱的周恩来总理。他在1957年9月4日签署了国务院《关于大力组织群众生产黄金的指示》。文件指出，由于工业生产和对外贸易发展，国家对黄金的需求日益迫切，首次明确将黄金生产作为国家的主要产品指标，并且从地质勘探、群众采金、基建投资、收购价格、机构管理等12个方面做了明确指示，尤其是对黄金生产课税5%的规定暂予取消。

毛泽东主席也在1964年指示"多挖金子、银子"。转年就成立了中国黄金矿产公司，这是新中国第一次建立的全国集中统一的黄金行业管理机构。

1972年3月，王震副总理分管黄金工作，带领黄金矿业度过了艰难时期，并且在1975年开启了对黄金生产的政策性补贴和低息贷款。这位被称为"王胡子"的将军，曾以开垦南泥湾和组建新疆生产建设兵团戍边而闻名全国。

一天，周恩来在病床上对王震表示：你要把金子抓一抓，搞建设不能没有黄金。王震通过调研后，撂下狠话："黄金上不去，我死不瞑目。"

1986年国务院下发了《关于加快黄金生产的决定》，设立了黄金地质勘察基金和黄金生产发展基金，颁布了《矿产资源法》，并在1988年8月成立了国家黄金管理局。

从这一年开始，黄金矿业不再是"大干快上"，从国家、集体、个人全面参与变为规范有序的国家和集体保护性开采。也就是说，个人挖金子的行为已经不行了。

到了1993年，这一年是黄金矿业转折的一年，首先国务院把黄金管理局并入冶金部，成立冶金部黄金管理局；取消了黄金开发基金、减免税、低息贷款，上调了黄金资源税，也就是说，黄金行业从一个国家用各类"温室扶持"政策培养阶段，转变为"从特殊到普通"、从"封闭到开放"与市场接轨的新阶段。这个阶段，鼓励企业"以金养金"。

至此，市场上涌现出一批大家耳熟能详的企业——中国黄金、山东黄金、招远黄金、紫金矿业、灵宝黄金等，它们成了行业的领头羊。直到现在，黄金产业依旧是国家的"鼓励产业"，一方面专注于深部探矿；另一方面大力引进科技投入，鼓励用废石回收黄金。

2019年全球黄金产量统计报告显示：山东黄金集团47.94吨，是我国第一大、全球第十大金矿公司；紫金矿业集团40.8吨，是我国第二大、全球第十三大金矿公司；中国黄金集团40.3吨，是我国第三大、全球第十四大金矿公司。

全球范围内十大金矿合计年产金1 340万盎司（约379.88吨），约占全球矿产金的10.67%。2021年排名前三位的黄金企业是：（美国）纽蒙特公司78.19吨，主产区是内华达金矿（Nevada Gold Mines）；（加拿大）巴里克黄金公司（Barrick Gold）59.51吨；（加拿大）伊格尔矿业公司（Agnico Eagle）43.86吨。

大家会发现，如果不考虑2019—2021年这个时间跨度，把以上中国三大黄金集团的产量汇总，不考虑其他中国矿企的前提下，其实中国已经是全球第一大黄金生产国。

总结来说，中国的黄金矿业在66年的发展历程中不断蜕变，不断壮大，也是中国国力发展的一个缩影。

重新认识黄金／黄金投资的全新视角解析

回顾 66 年的黄金矿业发展历程，从新中国的黄金匮乏到黄金产量世界第一，有一支"世界上唯一真实存在的寻宝奇兵"——黄金部队，为我国的黄金矿产开采立下了赫赫战功！

接下来，我们就来讲讲他们的故事①：

1978 年改革开放的黎明到来，国家的对外贸易和经济建设急需黄金和外汇储备，当时主抓黄金的王震副总理在与地质学家的讨论会上，表情凝重。因为新中国成立以来，寻找金矿困难重重，不仅缺乏勘探队伍，也缺乏技术和资金。经过讨论，王震提出建议：让部队去找金子！因为部队的人民子弟兵，不仅有吃苦耐劳、勇于作战的信念和作风，更有在困难时期勇于学习成长的干劲儿！

1979 年 1 月，一份《关于整编基建工程兵地质支队的报告》被送到国务院。同年 3 月，国务院和中央军委下达批示：为了加强黄金地质普查、勘探工作，迅速发展黄金生产，同意成立中国人民解放军基本建设工程兵黄金指挥部，扩编、整编一批部队，专门勘探、生产黄金。

从此，世界上唯一一个以地质勘探、寻找黄金为己任的部队——中国人民武装警察部队黄金部队——成立了。

寻找黄金，是一个非常艰苦的过程。这支一万人左右的队伍，转战过冰封的大兴安岭、人迹罕至的青藏高原、密林险阻的秦岭山脉，足迹遍布全国 26 个省（区）、46 个成矿区带，开展地质找矿工作，发现金矿床 325 处，探获黄金资源储量 2 365 吨，还捎带发现铜、铅、锌资源量 40 万吨，钨、钼资源量 31 万吨，为我国的经济发展做出了巨大贡献。而且他们还找到了世界范围内特大的狗头金②。这块狗头金重 2 155.8

---

① 以上有关中国人民武装警察部队黄金部队的资料引自人民网，《黄金部队与军事地质（国防知识）》，http://military.people.com.cn/n1/2017/0716/c1011-29407493.html。

② 狗头金是一种产自脉矿或砂矿的自然块金，因形状酷似狗头，故名狗头金。世界各国都以拥有狗头金为骄傲，一块 1 千克的狗头金，聚成时间需要 1 亿年左右，可遇而不可求。

克，含金量达70%以上，因形状像中国版图，又称为"版图金"，有着极高的收藏和研究价值。

这支"国家地质野外军"历经了44年的变革，成立之初隶属于中国人民武装警察部队，属于军队序列，后在1983年整编为警察部队，最终在2018年3月转为非现役专业队伍，取消了番号，正式划入自然资源部中国地质调查局。

至此，由这支队伍形成了1个中心、13个地质调查中心的格局。

这支队伍不仅完成了军转警、警转民的身份转变，而且完成了专业化的蜕变，但唯一没有改变的是艰苦奋斗、纯粹如金的优良作风，成了中国黄金矿业的一股中坚力量。

（二）实物黄金的中游企业

提到这个领域，就谈到大家日常接触到的黄金商品了。这些企业也都是专注于成品黄金加工制作、设计生产的企业，比如，专注金币的中国金币集团，专注首饰的百泰、菜百、银楼、周大福、老凤祥、老庙等品牌企业。

这些企业通过不断推陈出新设计、提升制作工艺以及服务，给消费者带来了更多的黄金饰品选择，如近几年流行的古法系列、5D系列等。

下面对国内十大品牌企业做一个简单介绍：

1. 周大福

1929年周大福在广州创立，一直都是中国黄金行业的翘楚。它不仅以高品质的黄金饰品闻名，而且致力于将传统文化与现代设计相融合，成为大中华区最具影响力的珠宝商之一。

2. 周生生

周生生集团旗下的周生生品牌起源于1934年，是广州知名的黄金珠宝品牌。它以独特的设计和精湛的工艺吸引了众多年轻消费者的青眛，为他们带来了独特的时尚魅力。

3. 六福珠宝

六福珠宝于 1991 年创立，凭借优秀的品质和卓越的服务逐渐崭露头角。2020 年，它荣登"中国 500 最具价值品牌"榜单，进一步展示了其在市场上的地位和影响力。

4. 老凤祥

作为一家中华老字号黄金品牌，老凤祥始创于 1848 年，拥有悠久的历史。它以典雅大气的设计风格和精湛的工艺而著称，传承着中国传统文化的卓越品位。

5. 周大生

周大生珠宝股份有限公司旗下的周大生品牌于 1999 年创立，以其近百种专利产品而备受瞩目。它以创新的设计和精湛的工艺为消费者带来无尽的惊喜和喜悦。

6. 潮宏基

作为中国黄金行业的重要参与者，潮宏基以其独特的设计和卓越的品质而闻名。在 2020 年的"中国 500 最具价值品牌"排行榜中，潮宏基名列第 336 位，证明了他们在市场中的重要地位。

7. 谢瑞麟

谢瑞麟是 1970 年在中国澳门创立的珠宝品牌，也是亚洲地区较大的珠宝集团之一。它凭借精致的设计和卓越的品质赢得了广大消费者的信赖和喜爱。

8. 菜百首饰

菜百首饰隶属于北京菜市口百货股份有限公司（简称菜百股份），在 2005 年菜百股份被命名为"中国黄金旗舰店"，也被广大消费者誉为"黄金珠宝消费行业的领头羊"。它以多样化的黄金珠宝选择和卓越的服务质量在市场上获得了广泛赞誉。

9. 老庙黄金

上海老庙黄金创建于1982年，作为中国500强企业之一，老庙黄金拥有自己完善的设计、生产和销售渠道。它以多样化的黄金产品和独特的设计风格赢得了广大消费者的喜爱和赞誉。

10. 中国黄金

作为中国黄金行业唯一的央企，中国黄金集团有限公司成立于2003年。它在黄金开采、加工和销售领域拥有丰富的经验，代表着中国黄金行业的领先地位。

这些中国十大黄金品牌以其丰富的历史、卓越的品质和独特的设计风格而著称，为消费者提供了广泛的选择。

下面介绍国外的十大黄金企业。

1. 瑞士黄金炼制厂（Swiss Gold Refineries）

瑞士黄金炼制厂，是全球黄金加工企业之一，其总部位于瑞士洛桑。瑞士黄金炼制厂的主要业务包括金条和金币生产、黄金回收和再生、黄金定制服务等。此外，瑞士黄金炼制厂还拥有一家全资子公司PAMP SA，是全球金条和金币制造商之一。

2. 约翰逊·马修公司（Johnson Matthey）

约翰逊·马修公司，是英国贵金属加工企业之一，其总部位于伦敦。约翰逊·马修公司的主要业务包括贵金属储备、贵金属回收、化学制品、医药产品等方面。

3. 瑞士美多尔科技公司（Metalor Technologies）

瑞士美多尔科技公司，是全球贵金属加工企业中的佼佼者，其总部位于瑞士尼奥沙特。美多尔科技公司的主要业务包括贵金属精炼、贵金属制品生产、微电子材料、工业催化剂等方面。

4. 黑尔豪斯集团（Heraeus）

黑尔豪斯集团，是德国贵金属加工企业之一，其总部位于汉堡。黑尔豪斯集团的主要业务包括贵金属储备、贵金属精炼、化学制品、医药产品、工业催化剂等方面。

5. 田中贵金属工业株式会社（Tanaka Kikinzoku Kogyo K. K.）

田中贵金属工业株式会社，是日本贵金属加工企业之一，其总部位于东京。田中贵金属工业株式会社的主要业务包括贵金属精炼、贵金属制品生产、微电子材料、化学制品等方面。

6. 阿戈赫尔豪斯公司（Argor-Heraeus SA）

阿戈赫尔豪斯公司，是贺利氏贵金属（HPM）的贵金属加工企业之一，其总部位于瑞士门多萨。阿戈赫尔豪斯公司的主要业务包括贵金属精炼、贵金属制品生产、金条和金币制造等方面。

7. 瓦尔坎比公司（Valcambi）

瓦尔坎比公司，是全球金条制造商之一，其总部位于瑞士巴塞尔。瓦尔坎比公司的主要业务包括贵金属精炼、贵金属制品生产、金条和金币制造等方面。

8. 兰德精炼厂（Rand Refinery）

兰德精炼厂，是南非贵金属加工企业之一，其总部位于约翰内斯堡。兰德精炼厂的主要业务包括黄金精炼、贵金属制品生产、黄金回收等方面。

9. 阿联酋黄金公司（Emirates Gold）

阿联酋黄金公司，是中东地区黄金加工企业之一，其总部位于迪拜。阿联酋黄金公司的主要业务包括黄金精炼、贵金属制品生产、黄金回收等方面。

10. 伊斯坦布尔黄金炼制厂（Istanbul Gold Refinery）

伊斯坦布尔黄金炼制厂，是土耳其黄金加工企业之一，其总部位于伊斯坦布尔。伊斯坦布尔黄金炼制厂的主要业务包括黄金精炼、贵金属制品生产、金条和金币制造等方面。

(三) 实物黄金的下游及周边企业

实物黄金的下游，主要是指以销售作为核心服务、面对终端用户的企业。它不同于上游金矿企业以开采为主，也不同于黄金加工企业以供应成品为主，而是依托销售形成的黄金服务类企业。

这里面有很多专门经营黄金服务的企业，比如买金网、黄金钱包、口袋贵金属、腾讯微黄金、国美黄金等，它们都有各自的特色。

自 2005 年开始，随着互联网的发展，可以说黄金的下游行业进入了百花齐放的爆发期。

互联网黄金的概念被重新定义：金融机构、互联网机构等参与者通过互联网技术手段，为投资者、消费者提供黄金买、卖、提、存、转、租等行为的产品活动。按照业务及产品模式划分，可将互联网黄金分为零售、投资、回收、资讯服务四大类型。

（1）互联网黄金零售。是以黄金商城形式满足用户的黄金消费需求。

（2）互联网黄金投资。是以金融机构、国务院和金融监管部门批准成立的黄金交易所，向市场提供黄金产品，包括黄金积存业务等黄金投资产品服务。

（3）互联网黄金回收，是指平台为用户提供黄金回购以及黄金以旧换新服务。

（4）互联网黄金资讯服务，是指平台向用户提供实时黄金市场状况信息，包括黄金金价、黄金理财产品推荐信息等，旨在培养用户与提升用户的互联网黄金消费意识。

从 2005 年互联网黄金行业萌芽开始，它经历了萌芽、成长、发展、调整四个阶段。

入场的企业率先是商业银行，它们首先尝试了把互联网技术融入黄金业务中，比如工、农、中、建、招这五家银行，开始把当年的纸黄金业务推广给客户，之后是互联网巨头，如新浪、阿里以及跨界的国美推出的黄金互联网服务业务。在这个基础上，2015年，作为黄金行业上游领头的上海黄金交易所联合部分商业银行与券商共同推出"易金通"移动App，此后具有黄金业务的商业银行均逐步推出线上黄金服务产品。

不仅如此，老牌的矿业系企业紫金矿业、风控系的黄金管家、中游珠宝系的企业，都推出了自己的服务平台。

2017年，工信部出台的《关于推进黄金行业转型升级的指导意见》中明确表示利用"互联网＋"完善黄金行业产业链，鼓励商业银行、传统黄金企业、互联网黄金平台等机构创新发展黄金金融产品，为用户提供优质的黄金产品服务。在利好政策推动下，中国互联网黄金行业进入快速发展期，互联网黄金市场参与者日渐增多，各方市场基于自身技术、资金、渠道等优势切入行业（见图14）。

经历了一年多的蓬勃发展，2018年5月，中国人民银行发布的《互联网黄金业务暂行办法（征求意见稿）》中明确了账户黄金业务从事资格主体和互联网机构代理资格主体，由金融机构提供黄金账户服务，互联网机构不得提供任何形式的黄金账户服务，行业准入资质明显提高。

同年12月《黄金积存业务管理暂行办法》《金融机构互联网黄金业务管理暂行办法》《关于黄金资产管理业务有关事项的通知》等政策的相继印发，健全了互联网黄金平台的经营业务、资质准入等层面的管理制度。

此后，互联网黄金行业迎来规划发展的调整期，部分不合规（如缺乏代销平台备案，产品展示方式存在不足，注册资本较低等）的互联网黄金平台被兼并收购或淘汰，行业集中度提高。同时部分互联网黄金平台面临黄金产品业务调整挑战，各大平台积极加大寻求兼具合规化与差异化的发展战略，赢得了更多市场发展空间。

第三章 解惑黄金的那些疑问

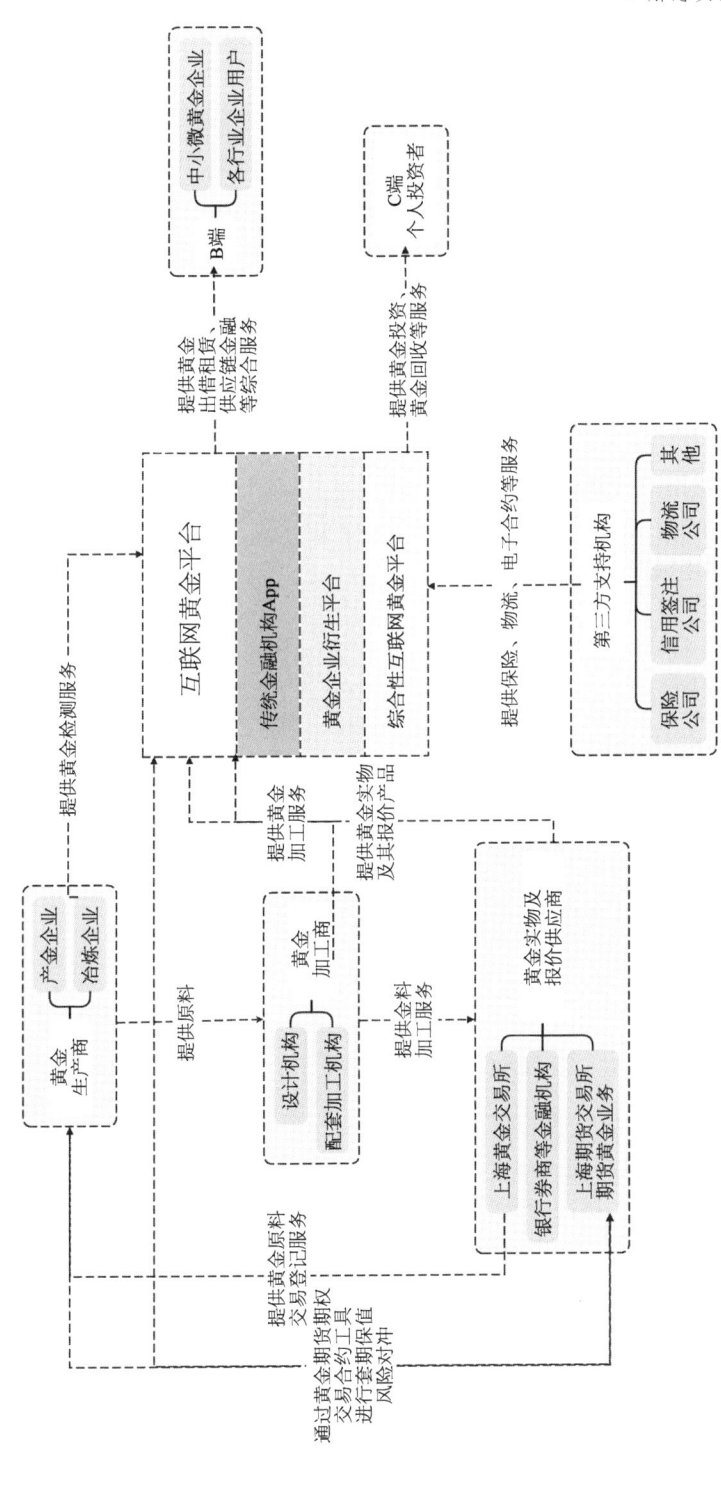

图 14 中国互联网黄金行业产业链

资料来源：头豹研究。

可以说，黄金行业从萌芽到调整，经历了13年的竞争和发展时间，未来能留在行业内发展的是强者中的强者。

（四）黄金周边产业

黄金具有极高抗腐蚀的稳定性；良好的导电性和导热性；原子核具有较大捕获中子的有效截面；对红外线的反射能力接近100%；在黄金的合金中具有各种触媒性质；还有良好的工艺性，极易加工成超薄金箔、微米金丝和金粉，很容易镀到其他金属、陶器及玻璃的表面；在一定压力下黄金容易被熔焊和锻焊；可制成超导体与有机金等，使它广泛应用于工业和现代高新技术产业中，如电子、通讯、宇航、化工、医疗等领域。

从2022年的统计来看，珠宝业与其他制造业者每年对黄金的总需求平均高达992.23吨，其中大约399.22吨流入电子产品业（包括航天、化工），约56.69吨流入牙医业，约793.78吨流入珠宝行业，其余则被其他各行各业所消耗掉。

说到这里，大家应该有感觉，看得见摸得着的黄金，无论是从上中下游还是周边划分，都是一个庞大的体系。

但从互联网黄金兴起开始，实物黄金和电子黄金这个界限开始模糊了，因为更多的服务从底层开始颠覆整个黄金传统的行业格局，如果说，传统的上中下游是以产金、加工、销售来细分的话，那么互联网背景下的黄金行业并不是这样的。

以往的黄金买、卖、提、存、转、租，以及零售、投资、回收、资讯，无论何种组合，都会给投资者耳目一新的感觉，但与此同时，鱼龙混杂的情况也愈发严重。

二、互联网背景下的数字黄金分身

接下来，我们梳理下以电子黄金或者叫互联网背景下的数字黄金发展的整个历程。

在这个历程中,依旧以上中下游作为一个粗浅的划分标准,让大家能看得更明白。

(一)报价源头上游——交易所

从宏观的全球视角来看,全球的黄金交易是一个非常笼统的概念,它可以是地域性的,有实体场所;也可以是面向全球的,没有实体场所。

狭义来说,以各国交易所为中心,集合黄金供需的各个领域的机构和个人,发布价格,撮合需求,完成交易,就是一个具象化的黄金市场。这样,我们就可以把全球看作是一个统一的交易市场了。

目前全球五大洲有9个黄金交易所互相连通,构成了全年无休、实时报价的黄金市场。

在这9个交易所中,最重要的就是欧洲、亚洲、美洲这三大经济体势力范围内的四大黄金交易所。我们来分别梳理一下。

1. 伦敦贵金属交易所(London Metal Exchange,简称LME,伦敦金)

世界上最重要的黄金交易市场,首先是伦敦黄金市场。它的历史非常悠久,可追溯到300多年前。最早形成原始黄金交易市场的其实是荷兰的阿姆斯特丹,但在1804年,伦敦取代了阿姆斯特丹成为标准的、有规模的、世界上最早的黄金交易中心,1919年伦敦金市正式开业。

LME在每天的上午和下午进行两次黄金定价。伦敦黄金市场中的实物黄金的供应源头主要是南非,这和英国的殖民历史有关。

2. 纽约金属交易所(COMEX)

纽约和芝加哥的黄金市场是在20世纪70年代中期发展起来的。

COMEX是纽约金属交易所(the New York Mercantile Exchange)

的简称，它成立于 1933 年，目前纽约商业交易所和芝加哥商品交易所合并成 CME 集团，是世界最大的黄金期货交易中心，对黄金现货市场的金价影响很大。

3. 苏黎世黄金交易所（Zurich Gold Market）

苏黎世黄金市场，是"二战"后发展起来的国际黄金市场。由于瑞士特殊的银行体系和辅助性的黄金交易服务体系，为黄金买卖提供了一个既自由又保密的环境，加上瑞士与南非也有优惠协议，曾经获得了 80% 的南非金的交割规模，以及苏联的黄金也聚集于此，使得瑞士不仅是世界上新增黄金的最大中转站，而且是世界上最大的私人黄金存储中心。苏黎世黄金市场在国际黄金市场上的地位仅次于伦敦。

4. 上海黄金交易所（SGE）和上海期货交易所（SHFE）

我们国家的黄金交易体系分为两套：一个是现货，一个是期货。

先说现货。上海黄金交易所（Shanghai Gold Exchange，简称 SGE，上金所），2002 年在中国人民银行的监督下，由当时的中国人民银行行长戴相龙敲锣开市。它的建立，标志着中国的黄金市场开启了从竞价、定价、询价，到租借、质押、ETF 六大类的功能性结构完备运行。这里面，不仅有黄金实物的交易，延期、即期、远期、掉期的交易，而且可以通过黄金做拆借、租借、质押，以及基金投融资。

再说期货。2008 年 1 月 9 日期货黄金在上海期货交易所（Shanghai Futures Exchange，简称 SHFE，上期所）挂牌上市，这是中国期货历史上首个具有金融属性的品种。期货黄金的上市，标志着中国结束了只有黄金实物可以投资的历史，也规范了纸黄金等数字黄金的行业报价标准。参与期货黄金交易的角色，有产金企业、金融机构、专业投资者。

值得注意的是，虽然上金所与上期所这两个交易所的黄金并没有直接连通，但上金所的现货交易与上期所活跃的期货交易起到相辅相成的作用。

而且，早在 2002 年以前，亚洲最具影响力的黄金交易市场，其实是中国香港的金银业贸易市场，虽然这是一个民间组织，但影响力不容小觑。

从 2014 年后，金银业贸易市场与上海黄金交易所签署合作，成为国际会员后，上海黄金交易所就变成了中国唯一一个合法的黄金交易市场。

香港以英皇为首的贸易市场众多行员机构也都开始了黄金贸易的职能转变。

如今，上述提到的伦敦交易所已经被港交所收购并控股。也就是说，其实中国有两套黄金体系，一套是以上交所/上期所为基准的国内黄金报价体系，另一套是以控股机制为主的国际黄金参与体系（见本章第二节）。

至此，我们可以说，中国有了参与并竞争国际金价定价权的巨大力量。

除了以上四个世界上最重要的黄金交易所之外，还有东京的 TOCOM、莫斯科的 MOEX、迪拜的 DGCX、印度的 MCX、新加坡的 SGPMX，这几个也是重要的地区性黄金交易所，比如迪拜的交易所，它的影响辐射可以涵盖中东、中亚乃至非洲，而印度的黄金交易所作为最晚的后起之秀，也在逐步地完善，毕竟印度是全球领先的黄金消费市场（见图 15）。

说了这么多交易所，回到一开始的题目"报价源头"。交易所就是一个商品价格形成的源头。黄金的正规市场报价都是由合法合规的交易所直接发出的。

除了以上的交易所之外，还需要了解一个重要的市场：场外交易市场，即 OTC 市场（Over－the－Counter）。

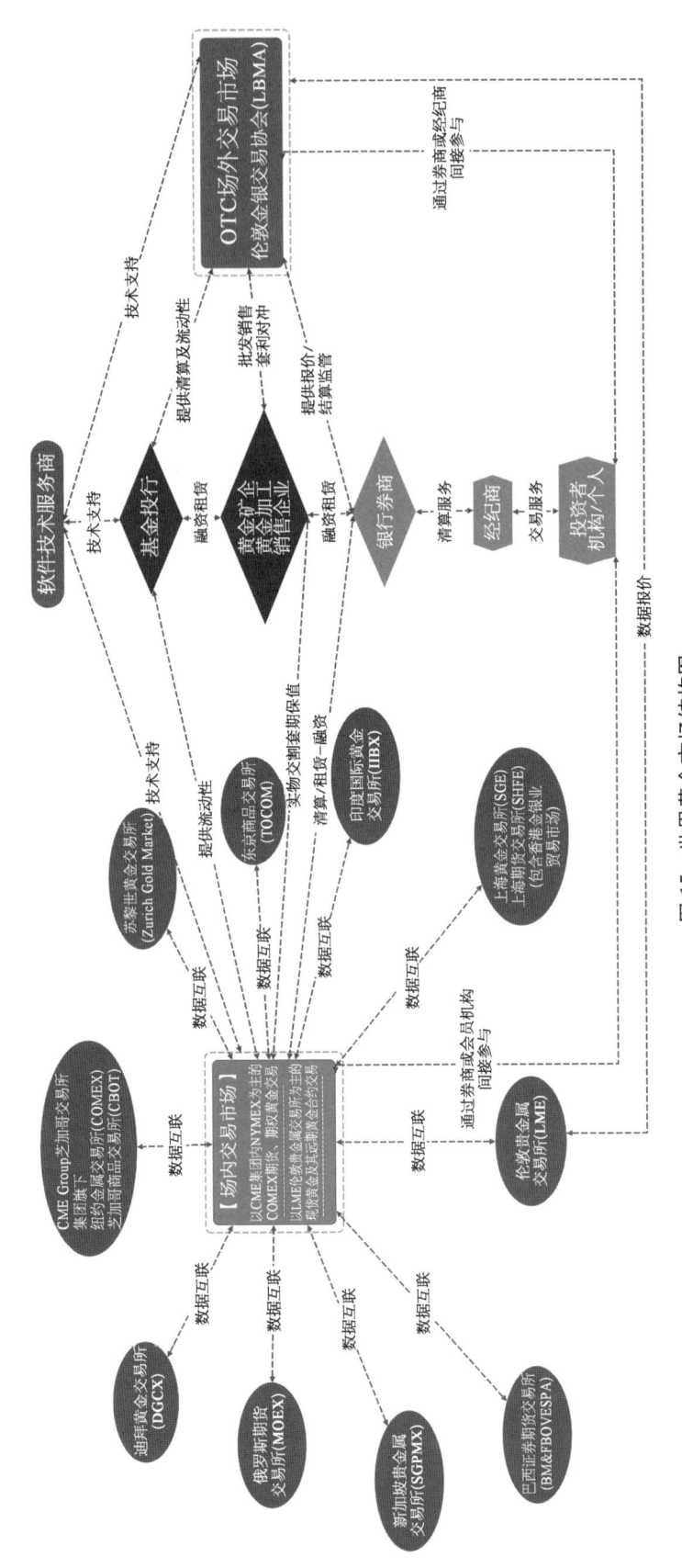

图 15 世界黄金市场结构图

场外交易市场是与交易所市场相对的。它是由全球大量的投资银行、券商机构以及软件技术服务商共同组成的网络化的无形的市场。通过电信以及互联网技术，把分布在国际的各个交易所的报价数据整合起来，形成了一张覆盖全球时区的交易大网，所以我们才能看到黄金交易时间从周一到周五如此连续，中间几乎不闭盘休市。

也正是这些投行券商和软件技术服务商各自打出自己的品牌，像一个个商家的柜台，给众多经纪商平台提供了数据报价以及交易流动性清算的服务（散户或游资投资者使用的平台几乎都是经纪商平台），形成了这个黄金的衍生交易市场。所以，OTC市场也叫柜台交易市场。

我拿日常买菜来形象地比喻一下。

如果用大白菜来代表黄金，全球各国的交易所就像是拥有自己的蔬菜生产基地（生产报价）。不同的基地，生产同样的大白菜。但由于地价不一样（所在国家货币标的不同导致菜价不一致），天气不一样（不同合约周期时导致菜价不一致），当地的供需情况不一样（交割量、交投消费量不一样导致菜价不一样），作为终端消费者（黄金投资者），我该怎么买菜呢？

不可能黄金投资者都有条件能到蔬菜基地去买吧，毕竟基地只面对批发商，而且都是巨量的大额订单。批发商就是场内交易市场中的会员单位，注意众多场内交易市场的会员单位本身也是投资银行或券商机构以及软件技术服务商。

这时候，批发商们从蔬菜基地拿到菜后，和零售商（经纪商平台）共同构建了一个蔬菜超市（零售蔬菜市场）。

零售商，作为面对黄金投资者的菜贩，在蔬菜超市中拥有自己的柜台，以零售价格（加点差价或佣金）给消费者（黄金投资者）报价。消费者们享受到了大白菜，也享受到了交易的软硬件服务。

消费者，看到市场上不同的柜台有不同的服务，报价也会有微差，这是很正常的。

批发商，他们负责给零售菜贩提供最及时的物流配送和交易订单的清算（零售汇总成批发的订单清算），用来保障零售菜贩有源源不断的大白菜供应和钱款流动性。

批发商之间，也会随着菜价的波动，随时在同业间进行货品的调剂，这样来保障大白菜的价格永远是反映上游生产和下游消费真实需求的，也就是供需平衡，还能反映出未来价格的走势预期。

这就是所谓的价格发现和套期对冲的行为。

（二）报价加工中游——产业相关企业或金融机构

大家在逛街的时候，随便进入一家金店都会看到黄金的今日牌价是×××元/克，当你在实际购买的时候，商家会根据商品的不同，加上不同的加工费或服务费。

大家去银行的时候，随便进入一家银行都可以询问到某某银行的积存金、积利金等价格是多少，当你实际买入或赎回的时候，如果留意对比上金所或上期所的报价，并不完全一样。

这是怎么一回事儿呢？

原来，这就是黄金的报价在中游的环节被加工了。

其实，只有产金、售金企业和金融机构，以及专业的投资者，才会每天盯准上金所或上期所的黄金报价。

老百姓接触到的更多的黄金报价，其实是被加工过的。那如何被加工了呢？

我来举几个例子：

第一类，先说线上的黄金投资。

（1）工行积存金定价

工行积存金实行一日一价或一日多价。当日的第一次报价，为不高于上海黄金交易所 Au99.95 合约夜市收盘价格和国际市场美元/盎司早市黄金价格两者中的较高者。

非第一次报价为综合参考上海黄金交易所 Au99.95 合约价格和国际市场美元/盎司黄金价格后制定的价格。

（2）建行积存金报价

中国建设银行综合考虑国际及国内黄金 Au99.99 价格走势、交易头寸及市场流动性、人民币汇率等因素后，在价量平衡的基础上开展对客报价。

（3）中行积利金报价

中国银行基于上海黄金交易所黄金现货价格或其他市场公允价格、人民币汇率、市场流动性等因素向客户提供交易报价，并可以根据市场情况对交易报价进行调整。

参考上海黄金交易所 Au99.99 合约、收盘价或其他市场公允价格进行报价。

（4）民生积存金报价（京东金融积存金）

大家看到以上的例子中不管各个银行如何给这个业务取名字，本质上都是金融机构参考上海黄金交易所及其他市场黄金价格向客户报价，客户用货币购买积存金份额，赎回份额时支持份额转换为实物黄金的一项黄金投资，落脚在"黄金投资"。

通常金融机构有两种方式向客户进行报价，一是参考流动性较好的如 Au9999 现货中间价加减买卖点差向客户报价，二是直接使用市场中间价向客户报价，同时收取交易手续费。点差和手续费是金融机构在此项业务中的获利点之一，第二个获利点是金融机构可对汇总的积存金进行资产运用。

这个黄金投资业务本质上是金融机构的"负债业务"，负债的第一要务就是能按时还上，特别是积存金支持客户提取实物黄金这一类的，如同存款准备金的原理一样，金融机构对外需要按比例进行实物黄金备付，对内需要对客户当日总赎回比例、单一客户头寸限额、单笔申购限额等进行设置。

所以，这类产品的价格随黄金市场而波动，而每个客户申购、赎回的实盘交易会在金融机构大账户中汇总，针对风险敞口及黄金市场价格波动的变化，交易员进行对外平盘的风控操作。

第二类，说说线下的金店报价。

每一家实物黄金中游企业品牌几乎都会有自己的报价。而这个报价的来源，正是报价源头上游的交易所——上海黄金交易所。因为中游的这些黄金报价加工商（产业、相关企业或金融机构），几乎都是报价源头上游的交易所（上金所和上期所）的会员。

还有一类咱们没有展开说，就是黄金的回购报价，因为目前市场还没有形成一个完善的、统一的、法定的报价机制，所以暂时不展开讨论了。

（三）报价服务下游

互联网黄金企业或第三方机构，成了黄金下游报价服务的主要运用者。它们给咱们老百姓，尤其是黄金投资者，提供了丰富的黄金资讯、投融资咨询、委托协助办理相关业务等服务。

通过这一节的梳理，我们对整体黄金市场的各个层级，从宏观到微观，从国际到国内，有了比较完整的认识。

同时，也发现了一个非常重要的问题，就是黄金的报价这么多样丰富，追根溯源，到底谁在决定着黄金价格的走势呢？

第五节　谁在决定黄金的价格？

一、金价和金本位的由来

黄金价格每天都在变，你知道黄金价格是怎么来的吗？黄金市场每天都涨跌，你知道谁在操控影响它的走势吗？

这是一个古老的故事，我们从黄金的视角，好好聊聊。

公元前209年，秦始皇驾崩。他留给了我们很多遗产，他不仅完成了度量衡的统一，而且规定了以24两半钱的黄金兑换比率，中国成为世界上最早用本币兑换黄金计价的国家，比后来英国金本位时期还要早1 000多年。

同一时期，迦太基还在对抗罗马人的进攻，罗马帝国尚在崛起之中，城邦商业经济还处在萌芽阶段。

公元前118年，汉武帝挥师西进，帝国雄厚的经济储备被全面调动了起来，当然通胀也随之而来，废半两钱为五铢钱，10 000汉朝币兑换1斤黄金。

古代的金矿开采技术非常有限，导致市面流通的黄金奇缺，国家还是以铜钱和布帛作为主要的流通工具。

到了唐末五代十国，天下纷争，冶铁技术的大发展催生了更好的矿产开采技术。后来的宋朝，进入到白银的开采和流通大爆发时代。

我们知道，宋朝成为中国商业最繁荣、最富足的朝代，宋朝鼎盛时期的课银量是20万两，白银在鼎盛时期的产量为80万两，折合现在是

6 000 吨，后来明朝和清朝的白银产量也分别有 4 800 吨和 3 600 吨之多。

至此，中国是最早进入铜币、白银、纸币的兑换经济发展进程的国家。

也正因为如此，黄金被皇家束之高阁，成了装饰、赏赐的工具，并没有成为主要的流通货币。

而在欧洲，各时代的领主或帝国都在疯狂地用黄金铸币，如古罗马的奥里斯金币、拜占庭帝国的世索利多金币（见图16）。

图片来源：石俊志著，《外国货币史漫谈》，经济管理出版社2024年版，第63页。

图 16　古罗马的奥里斯金币和拜占庭帝国的世索利多金币

因为掠夺式的商业发展，导致欧洲地区货币短缺，贸易萎缩，然而民众对黄金的狂热一直不减。这个时期，黄金兑换白银或者铜的比例一直随着频繁的战争更迭而变化，不像在中国那样相对稳定。

1696年，牛顿成为英格兰皇家造币厂厂长。他注意到，一个金路易

（金币）在法国价值为 17 先令 3/4 旧便士，而在英格兰为 17 先令 6 便士，况且纯度也不稳定。

于是，牛顿开始完善货币发行体系。1717 年，牛顿将黄金价格定为每金衡盎司（纯度约 0.9）3 英镑 17 先令 10 便士。这个价格一直延续到 1931 年（见表 1）。

表 1　英国金本位下的黄金

	每盎司黄金英镑价格		每盎司黄金美元价格
1694 年	英格兰银行英镑发行		
1717 年	牛顿	3.893 75（纯度约 0.9）	
百年英法大战		5.10（英格兰银行停止兑换黄金）	
1819 年	大卫·李嘉图	4.247 25 英镑，每 1 英镑含 7.322 38 克纯金	
1922 年 4 月 10 日	热那亚会议	金汇兑本位建立，外国政府可以拿英镑和美元兑换黄金（每英镑=5.86 美元）	
1925 年	时任财政部长丘吉尔	恢复了英国金本位，但仅维持了 6 年，至 1931 年后结束	
1926 年	双国际货币美国开始狙击高估的英镑	4.247 25 英镑，每 1 英镑含 7.322 38 克纯金	20.67 美元（1 英镑=3.5 美元）
1933 年	罗斯福没收百姓黄金	英国取消金本位	20.67 美元（1 英镑=3.5 美元）
1934 年	美元贬值 60%	英国取消金本位	35 美元（1 英镑=3.5 美元）
1949 年 9 月		35 美元（1 英镑=2.8 美元）	
1967 年 11 月		35 美元（1 英镑=2.4 美元）	
1974 年		美国取消本位美元兑换义务	
直到现在		1 500 美元（1 英镑=1.26 美元）	

图片来源：搜狐财经。

图 17　牛顿画像

牛顿也成了世界上金本位的缔造者。

1933年，黄金经历了百年英法战争，经历了金汇兑本位，见证了"一战"和"二战"的血腥，随着英国的衰落美国的崛起，英国政府宣布结束金本位制度，而黄金又被另一个货币紧紧地捆绑在了价值上，它就是美元。

当年，罗斯福宣布，民间不得流通黄金，并没收私人黄金，以力挺美元价值。随后，1944年，在一个叫布雷顿（Bretton）的森林小镇，全球大佬们开会决定，以美元作为国际通用货币，而美元则按35美元/盎司兑换，确立了黄金美元本位制度，这就是"布雷顿森林体系"（见图18）。

图片来源：搜狐财经。

图 18　布雷顿森林体系签署照

黄金在离开英镑以后，又加入了美元的价值怀抱体系，这一拥抱就是 29 年。

但温存是短暂的，货币稳定也是短暂的。

美元仗着有黄金的价值锚定，美国人仗着强大的军事能力，开始在亚洲不断惹事，从 1950 年开始，朝鲜战争和越南战争相继爆发。

战争把美国经济拖入了大萧条，也拖垮了美元金本位，美元再也支撑不起按照 35 美元/盎司兑换的比率，不断有国家和投机商开始赎回黄金，美元大幅贬值。

1971 年，尼克松无奈地宣布，取消布森顿森林体系，美元开始彻底摆烂。

同年，中国恢复了联合国的合法席位，成为五个常任理事国之一。亚洲的崛起也正令黄金侧目。

纵观金本位 150 年的历史，英国的金本位延续了 98 年，美国的美元金本位（也可以叫金汇兑和金块本位）延续了 27 年。未来黄金还会拥抱何方？

我们观察黄金价值的轨迹，一开始是欧洲，后来是美洲，未来是否在亚洲呢？

我们来重温一句话：只有黄金存在重新锚定货币的能力。

我们把时针拨回到 1976 年 1 月，国际货币基金组织临时委员会达成《牙买加协议》，黄金非货币化以国际协议的形式确立下来，黄金不再是任何信用纸币的支撑和基础。

从此，各国货币发行和流通与黄金完全脱离。黄金隐退货币江湖。

黄金虽然隐退江湖，不再直接参与国际贸易结算与货币的直接兑换，但黄金作为一个融合了金融属性、商品属性、隐形货币属性的特殊物品，谁能对它的定价拥有话语权，谁就能撬动信用，从而登顶货币之王。

二、黄金定价权的历史争夺战

（一）寡头垄断阶段

1919 年"一战"刚刚结束，伦敦阴冷的天气挡不住在洛希尔办公室的热烈讨论，这个洛希尔办公室所在地就是大名鼎鼎的罗斯柴尔德父子公司，洛希尔是黄金定价委员的永久主席，还有蒙卡塔公司、皮克斯利阿贝尔公司、塞缪尔蒙塔古公司和夏普威金斯公司，这五家公司形成了黄金定价的雏形组织。这五家公司，在每天上午 10:30 和下午 3:00 讨论两次黄金定盘价格。

洛希尔作为定价主席，手握电话参考着来自纽约和香港金银业贸易市场的报价（成立于 1910 年），订单的情况不断地在交易室的计算机屏幕上显示出来。距离收盘不到 5 分钟，价格不断跳动，如果买家过少，那么席位代表们就会降低价格，如果买家和卖家持平或差异，席位代表则选择调高价格。

在这个"黄金小屋"中,每个公司代表的桌子上都有一面小旗,小旗一开始是垂直的,当五面旗帜全部摆倒,那么证明报价和订单需求暂时达成统一。这个价格会通过路透的数据传输系统,通过电话、电报、电脑传递给世界各地的交易者。

图片来源:http://www.gold.org.cn/ky1227/hw20171227/201908/t20190823_185052.html.

图 19　英国伦敦金属交易所大厅

85 年后,在 2004 年 4 月,罗斯柴尔德家族决定退出黄金交易和"黄金定盘价"机制,其席位由巴克莱银行于 2004 年 6 月 7 日买到,其他席位也开始变化,形成了以汇丰银行、德意志银行、巴克莱银行、法国兴业银行、加拿大丰业银行五家银行的定价格局。

再后来,因为一系列恶意操纵,伦敦黄金定价案件被调查,德意志银行索性退出了,巴克莱银行也被中国工商银行取代,而且中国工商银行是唯一获得清盘银行资格的。工银标准也获准加入伦敦贵金属清算公司（LPMCL）的贵金属清算系统。

2016年，中国工商银行拿下了巴克莱银行在伦敦的金库业务，成为伦敦黄金、铂、钯的定盘商和清算银行，中行、建行、交行紧随其后加入了伦敦金银市场协会（LBMA），成为LBMA黄金定盘商。

目前，LBMA黄金定价机制成员共有15家，分别是中国银行、中国交通银行、美国黄金销售商CNT、高盛集团、汇丰银行、中国工商银行、美国福四通国际公司、简街全球贸易公司、摩根大通伦敦支行、科赫供应与贸易有限公司、瑞福金融公司、摩根士丹利、渣打银行、加拿大丰业银行、多伦多道明银行。

2014年巴克莱银行因操纵伦敦黄金定价被英国金融市场行为监管局（FCA）重罚2 600万英镑，此后宣布考虑在全球范围内退出贵金属业务。

德意志银行也因陷入操纵黄金定价调查，宣布放弃伦敦黄金定价权和清算行成员身份，并关闭贵金属交易部门。

这也说明，传统的银行寡头垄断黄金定价的时代已经不能再继续，黄金定价的权柄亟待变革！

（二）交易所势力崛起阶段

2014年是不寻常的一年，7年前的美国次贷危机影响刚刚消散，美国结束了量化宽松全球撒钱，本来虚假繁荣的经济高烧开始降温。

俄罗斯卢布暴跌，原油暴跌，欧元暴跌，全球股市暴跌，中国的地产市场开始下跌。

各国的经济信心、货币信心都开始动摇，这个时候，黄金再次登场。

国际金价从1 046美元/盎司开始回暖上升，直到2020年上涨到2 074.7美元/盎司，足足上涨了1 028美元（见图20）。

全球各个黄金交易所带领众多金融机构，开启了黄金"买买买"的节奏。

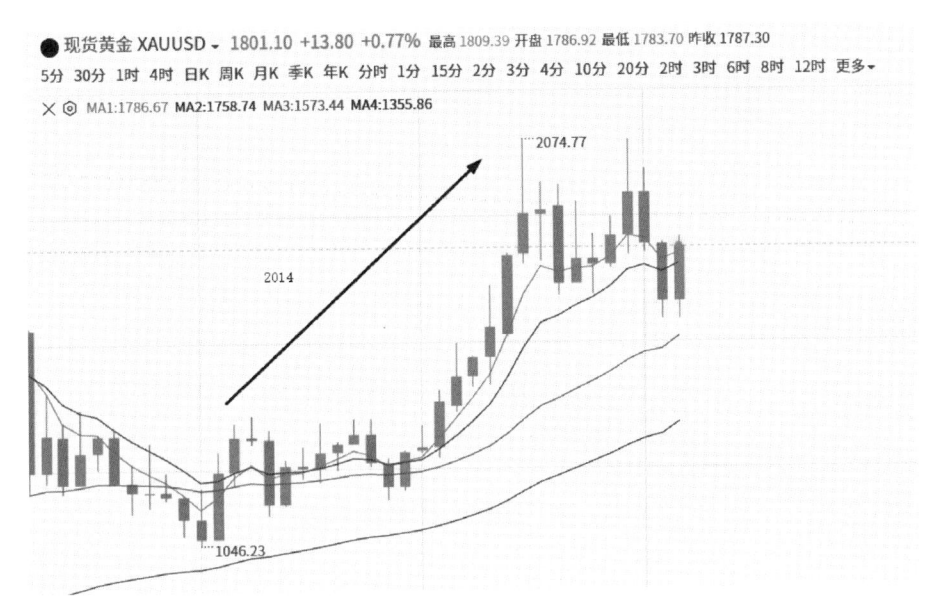

资料来源：金十数据交易侠。

图20 国际金价走势（2015—2020年）

伦敦贵金属交易所，有5万亿英镑规模的交易额；上海黄金交易所，有6.51万亿元人民币的交易额；迪拜黄金交易所，有970亿美元规模的交易额。

不仅如此，纽约期货黄金，东京、苏黎世的黄金市场的交易量也开始暴增。

争夺黄金定价权的斗争，打响了……

2014年11月7日，美国洲际交易所（ICE）成为伦敦黄金基准价的第三方管理机构，新的黄金定价机制被命名为LBMA黄金价格（LBMA Gold Price），将取代现有的伦敦黄金定盘价（London Gold Fixing），采用实物交收的电子化竞价交易模式，并可接受美元、欧元、英镑报价，价格每30秒更新一次。

美国CME和路透汤森相继获得了新的白银定价机制的管理权，英

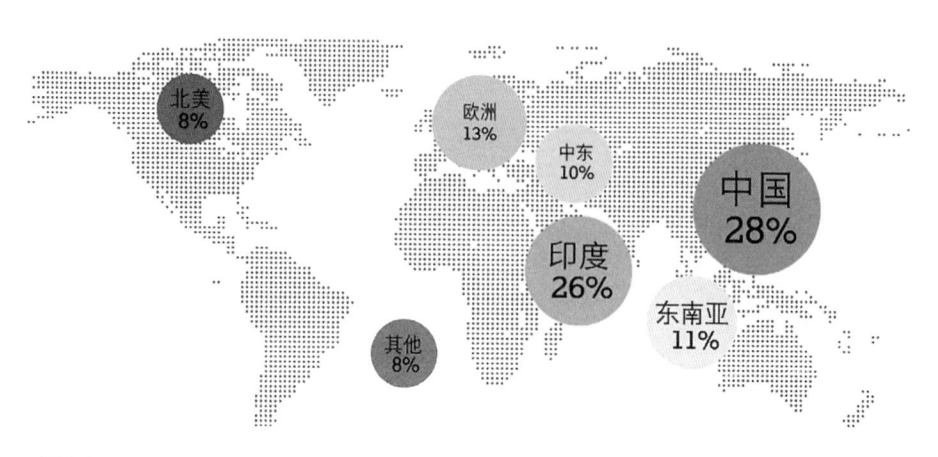

重新认识黄金／黄金投资的全新视角解析

[地图示意图：
北美 8%
欧洲 13%
中东 10%
中国 28%
印度 26%
东南亚 11%
其他 8%]

图片来源：世界黄金协会。

图 21　2017 年全球黄金需求示意图

国伦敦金属交易所（LME）获得伦敦铂金、钯金定价机制的管理权……

大家可能会有疑问，伦敦黄金定价，为何要让一家美国洲际交易所（ICE）来管理定价？

这背后，不仅仅是大国博弈，更因为 ICE 这家集团最擅长的就是收购。

ICE 收购了芝加哥商品交易所，收购了国际原油交易所，也曾收购 EBAY 的股权，而且还曾经提起过收购伦敦贵金属交易所，但因为 LME 背后的大股东是港交所，也就是中国，所以被无情地拒绝了。

也正因为 ICE 通过不断地收购，而且 ICE 拥有目前最先进的金融交易信息管理工具，比如 Junos 软件以及多家跨美洲、欧洲的数据传输能力，这才使得它成为世界上最大的交易所。

远在美洲本土的美国 CME 集团旗下有芝加哥期货交易所（CBOT）和芝加哥商业交易所（CME），随后在 2008 年并购了纽约商业交易所（NYMEX），CME 成为世界上最大的衍生品交易所，它旗下的期货黄金和期权黄金，又是世界上重要的美元黄金合约交易市场。

至此，ICE 管理伦敦金，CME 管理美国黄金，黄金价格市场出现了双雄的格局。

虽然中国的很多家银行进入了伦敦黄金的定价席位，但这远远不够，因为在国际各个交易所的竞争层面上，中国还很弱小。

(三) 黄金新势力崛起

上海黄金交易所成立于 2002 年，由人民银行牵头，推动成立了中国的黄金交易市场，开始对标 LME 和 CME，我们来看一组数据：

2020 年全年，COMEX 黄金期货交易量 501 259 万吨，同比下降 7.64%，在全球主要交易所中仍排名第一；

第二是中国的上期所（SHFE），黄金成交量 104 811 吨；

第三是中国的上金所（SGE），黄金成交量 58 672 吨；

日本 TOCOM 黄金期货交易量 1.75 万吨，同比增长 2.06%，全球排名第四位；

第五是印度 MCX 交易所，黄金期货交易量 9 408 吨。

我们看到 LME 已经远远落后于其他交易所，而作为黄金新势力的中国上金所（SGE）已经开始向着问鼎黄金王者一步步迈进，届时，以人民币报价的黄金就可以成为国际黄金的定价标准，这是我们所期待的……

三、人民币正在被黄金赋能

黄金市场作为最传统的金融市场，其发展几经坎坷而又充满传奇色彩。时至今日，全球大部分国家依然将黄金作为外汇储备中不可或缺的一种形式，各个国家依旧对黄金市场存在不同程度的管制，围绕黄金交易市场和定价权的问题，一直处在或明或暗的博弈当中。因此，从一个国家对黄金的定价能力及其影响水平，完全可以观察一个国家或一种货币的国际地位。

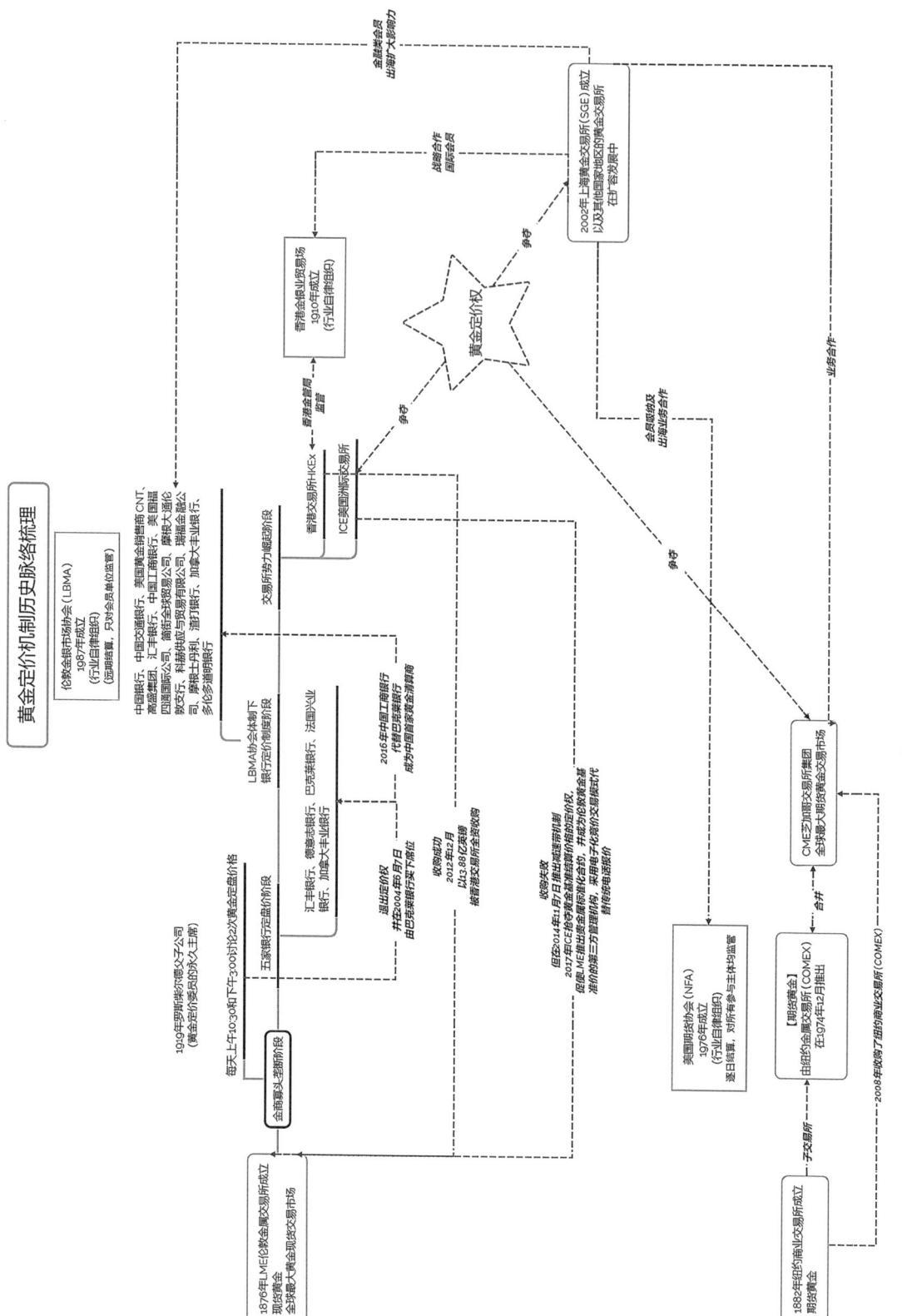

图 22 黄金定价机制历史脉络梳理

正因为中国目前不仅是黄金第一大生产国，也是第一大消费国[①]，同时上海黄金交易所还是全球交易量最大的黄金现货交易所。所以，我们当然有底气去竞争黄金的全球定价权，也是给人民币国际化奠定坚实基础！

然而，这些生产和消费的数据，其实一开始并没有明显地提高中国在全球黄金市场的定价权和影响力，在中国黄金市场消费、进口以及交易数据持续上行的最近几年，国际金价的波动与中国市场消费和需求数据的波动有明显的背离，供需关系并没有实时反馈至国际市场。

其主要原因有两个：一是上海黄金交易所虽然交易量庞大，但也仅仅是地区性的交易市场，对黄金国际板的影响力暂时还很有限；二是中国的商业银行作为黄金主要做市商，并没有完全进入国际黄金定价体系的核心圈子，缺少对黄金价格影响最大的国际金融市场的参与。

客观地讲，金融市场"定价权"问题，不是一个简单的实体市场供需量就能主导的问题，黄金市场定价权和影响力的转移，是一个非常漫长的过程。

这一切，在全球债务总额的分秒增加下，正在加速。

在美国纽约市西43街上竖立着一个美国国债实时钟，上面实时更新着美国联邦债务总额数据。这个分秒跳动的显示屏，显示着随时递增的美国债务数额。如果你驻足在那里几分钟，随时就是几十万美元的增长，目前美国国债总额已经逼近34.7万亿美元。

其实何止是美元的债务，全球货币带来的债务总额也都在飞速膨胀。

我们来看一组数据。这是自2000年到2024年部分国家广义货币（M2）总量的变化数据。可以看到，伊朗自2000年到2016年期间，M2

[①] 根据中国黄金协会的数据，2013年中国黄金消费量首次突破1 000吨，成为全球最大的黄金消费国；中国黄金产量达到428.163吨，连续七年位居世界第一。

图片来源：凤凰网。

图 23　美国国债时钟

增长了 4 994.62%，俄罗斯自 2000 年到 2020 期间，广义 M2 增长了 4 694.90%，中国自 2000 年到 2022 年期间，M2 增长了 1 823.38%，印度自 2000 年到 2021 年期间，M2 增长了 1 557.31%。

国家（地区）	2000 年 M2 余额（万亿本币）	2022 年 M2 余额（万亿本币）	M2 货币增长率（%）	备注
伊　朗	233.36	11 888.8	4 994.62%	截至 2016 年
俄罗斯	1.57	75.28	4 694.90%	截至 2020 年
中　国	13.6	261.58	1 823.38%	
印　度	11.69	193.74	1 557.31%	截至 2021 年
澳大利亚	0.447 4	3.13	599.60%	
沙特阿拉伯	0.315	1.81	474.60%	截至 2017 年
英　国	1.04	4.11	295.19%	
以色列	0.438	1.72	292.69%	截至 2021 年
欧元区	4.17	15.1	262.11%	截至 2024 年
美　国	7.02	21.84	211.11%	
瑞　士	0.529 9	1.25	135.89%	截至 2016 年

数据来源：国际货币基金组织。

图 24　部分国家（地区）M2 余额的变化数据

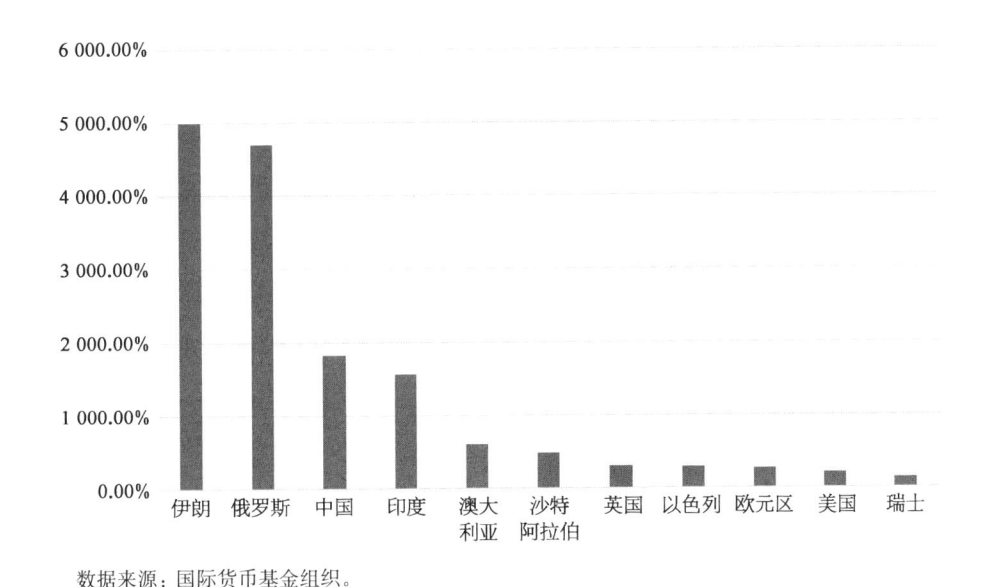

图 25　部分国家 M2 货币增长率

数据来源：国际货币基金组织。

结合近10年的情况来看，央行增持黄金最活跃的国家明显是包括中国在内的几个金砖国家。据统计，过去12年来，金砖四国中仅巴西、俄罗斯、印度和中国累计黄金储备达2 932吨。因为这几个国家都正处在超发货币的膨胀过程中，而美元又正好处在加息回流的潮汐阶段，为了防止本国货币加速贬值，增持黄金给本币价值托底就成了大多数金砖国家的优先选项。这也是为什么我一直在说，黄金的最大买家是亚洲，尤其是中国市场。

今年，黄金价格和美元币值呈现出双双走强的格局。这种违背常规的表现体现了什么呢？

用一句话来解释：美元是人为加息造成的升值，黄金是众多货币为了对抗美元带来的贬值风险，在避险需求增加下的升值。

所以，在全球货币膨胀，总体债务高企，避险需求增加的背景下，黄金的价格被推高，同时美元走强，也是合理的了。我们也要改变固有思维，应结合当下的全新情况去考虑，在美元加息的背景下，放弃美元和黄金走势相反的常规逻辑。

美元作为持续了长达半个世纪的全球结算货币之王，不仅背靠着巨量的黄金储备，也掌握着黄金的定价权。黄金的定价权分为现货黄金的定价权和期货黄金的定价权。现货黄金的定价机制由伦敦金银市场协会（LBMA）管理，期货黄金的定价机制由美国CME交易所集团旗下的COMEX交易所管理。

如果说，非美元货币国家增持黄金，是对本国货币贬值的一种防御性手段的话，那么中国的人民币就是在利用增持黄金，主动加快复刻当年美元走向全球结算货币之王的模板。为什么这么说呢？我们来看一组历史的巧合数据对比。

第一，"二战"前，美国大萧条，当前中国处在经济转型阶段。

第二，美国的巨量黄金储备分为两个阶段形成：第一个阶段（1917—1939年）基本上是"一战"末期到"二战"初期，这段时间美国黄金储备量基本上呈现阶梯状上涨，从2 500吨迅速增加至8 500吨。第二个阶段（1939—1940年）基本上是日本偷袭珍珠港、美国参加"二战"的前夕。这一时期美国的黄金储备量直线上升，从8 500吨飙升至19 500吨。在"二战"初期，许多欧洲和亚洲的国家因为害怕战争危及自己的黄金储备，所以把黄金存放在了美国。与此同时，卷入战争的国家利用存放在美国的黄金兑换食物和军事装备。美国在这个过程中得到了大量黄金。而现在中国正在经历第一个阶段，中国央行目前对外公布的储备量是2 235.41吨。持续的增持还在进行中。

第三，1973年美元与石油紧密挂钩，国际市场上进行石油交易的经济体必须要有美元，美元自然也成为全球外汇储备货币。"石油-美元"成为支撑美元全球大循环及美元霸权的重要商品支柱。中国在2023年与沙特签订了双边本币互换协议，互换规模为500亿元人民币/260亿沙特里亚尔。中沙建立双边本币互换安排，将有助于加强两国金融合作，促进双方贸易和投资便利化。

第四，目前美国纽约商品交易所的黄金期货交易量全球第一，也控制着期货黄金的涨跌和定价权力。而从2019年起，中国上海期货交易所的黄金期货成交量已经跃升到全球第三，并且上海黄金交易所的黄金交易量也跃居全球交易所市场的第二位。可以说，无论是从现货黄金的定价权，还是期货黄金的定价权争夺上，中国都在快速发力。黄金市场的格局正在分化，黄金市场中人民币的成分在逐步升高。

通过以上四点的对比，大家会发现历史如此巧合。金价持续上涨对美元和人民币的影响分别是什么？

我们抽丝剥茧来说一说。

首先，美国只能通过期货黄金来调控黄金的价格，并不愿意主动地再次增持或减持黄金储备。因为，美元是因黄金而获得全球共识的，又是因为石油获得全球贸易结算低位的。早在布雷顿森林体系解除后，美国的黄金储备就从19 500吨持续流出，缩减至现在的8 500吨左右。如果美国再次增持或减持黄金，就意味着美联储对于美元本身的调控信心不足，意味着主动看衰美元，这是绝对不允许的。那么，美国通过期货黄金来调控黄金的目的，就在于配合"美元潮汐"。"美元潮汐"我回头单独开一期去讲解。总之，当美元加息回流的时候，美国需要利用黄金市场升高的金价，吸收巨量的美元，以缓解过多的美元给美国带来通胀加剧的麻烦。当美元开启降息流出的时候，美国会通过期货黄金市场，调控金价下跌，以逼迫各个国家从黄金市场中出逃，从而顺利接收释放到全球的美元，以达到用美元控制各类资产的目的，为下一轮美元回流，收割财富做准备。

当然，在这个过程中，除了人民币这种主动"走出去"，拥有国际化战略的货币之外，其他国家的货币只能是被动承受。而人民币已经做好了被黄金赋能，又反过来利用黄金提高本币价值，主动对抗美元的准备。

这个准备分为三个步骤：

第一步，参与。在LBMA的正式成员中，中国的银行数量也从1个增加到8个，占据了近1/4的席位。它们分别是中国银行、交通银行、建设银行、工商银行、民生银行、兴业银行、平安银行和浦发银行。这是现货黄金领域的渗透。再来看期货黄金。中国银行与CME签署了谅解备忘录，开始用人民币进行大宗商品交易结算。这将进一步扩大人民币的跨境使用，并且双方将加强境外期货的人民币结算。

第二步，增强。黄金需求从西方向东方转移的趋势越来越明显。根据中国黄金协会的数据，2013年中国黄金消费量首次突破1 000吨，成为全球最大的黄金消费国；中国黄金产量达到428.163吨，连续七年位居世界第一。

在此背景下，中国有4家黄金生产商成为世界黄金协会成员，中国的黄金精炼厂数量也从6家增加到13家。这是上游的情况，再说说交易所层面的情况。瑞士在2024年2月共向中国运送了89吨黄金，1月为56吨，上年同期为12吨，自2023年1月至今，瑞士共向中国运送了762吨黄金，较上年增长21%。不仅如此，伊朗、俄罗斯等国也加强与上海黄金交易所的黄金贸易合作。可以说，类似"二战"前期巨量黄金流入美国的场景再次出现了。这次的目的地是中国。

第三步，自主。前面我们提到，中国8家银行不约而同地退出了伦敦金银市场协会（LBMA）的黄金价格拍卖，转而在中国境内的黄金交易所发挥更大的作用。这是什么意思？这是对现有的现货黄金定价机制的否定！全球最大的贵金属消费国、生产国——中国——在表示，所谓的"国际价格"并不能反映中国供需情况。盛产黄金的多数非洲国家，已经正式开始用黄金来结算进口石油，尝试"石油-黄金"，以此来远离"石油-美元"的影响。

这三步走，已经完成了两步半。目前，上海期货交易所是全球第二大场内黄金交易市场，上海黄金交易所是全球最大的场内现货黄金交易市场。

被黄金赋能，这三步走的过程，第一步是影响力的渗透，第二步是自身实力的增强，第三步就是颠覆传统格局，尤其是黄金定价权的争夺。

一旦完成这三步走，意味着什么呢？意味着人民币被黄金赋能的过程完成了。人民币成了历史上除了英镑和美元之后，第三个可以掌控黄金从定价权到供需，从上游生产到中下游流通消费，从期货到现货，从场内到场外的货币。人民币的国际化进程必将再次加速！

目前，美元的主动升值加息，给自身带来了高额的利息兑付压力，也就是未来的债务暴增。通胀压力下，这是很难解决的问题。而中国在人民币贬值的过程中，主动减持美债并且持续增加黄金储备的动作，也意味着黄金的波动与人民币币值的关联性前所未有地升高了。捆绑了黄金的人民币，是否可以在未来不被黄金的波动所束缚？通缩压力下，其实经济复苏需要更多的实业投资，而不是投资黄金，这也是一个很难解决的问题。

中美都在等待未来，等待对方率先解决问题。

2024年6月9日，沙特宣布不再续签与美国的"石油-美元"协议，这标志着长达50年的"石油-美元"体系崩塌了。

如果人民币能够一只手让"石油-人民币"循环体系活跃起来，另一只手通过"全面掌控黄金定价权"来实现人民币汇率的未来全面开放，就不会重演当年美元所遭遇的"布雷顿森林体系崩塌之祸"。这样一来，给人民币赋能的黄金，就不会成为束缚人民币的魔咒，而是成为被人民币所掌控的工具。

如果美元和黄金一直强势上涨下去倒也无妨，无非是比拼谁的内力和定力强。

但如果有一天金价开始持续性下跌，会发生什么呢？

我们按照上面的情况来推演一下：

当美联储经历了大选的动荡期，觉得就业数据和通胀数据回归到正常范围值了，就会逐步开启降息。为了不让美元在降息过程中过度的贬值失控，通过主动打压金价、提振美元就成了最直接的手段。

但这也正好符合人民币的未来诉求。为什么这么说呢？首先我们要有个常识，在期货黄金市场中，想要通过期货合约做空金价，就需要有相应的实物交割能力。而中国的现货黄金以及上游矿企，正是在"三步走"战略下具备这个能力的，中国坐拥全球最大消费和生产国的头衔并不是虚名。所以说，最有能力做空金价的，并不是美国，而是中国。其次，如果要利用黄金市场的场外交易，直接以巨量资金做空金价的话，也不是不可以，一旦金价被做空下跌，不仅提振了美元的币值，也同步提振了人民币的币值，因为不仅黄金曾经捆绑过美元，而且正在与人民币深深地捆绑着。

到那时，美元无形中给自己创造了一个更加强大的升值货币竞争者。再加上人民币国际化的推进，挤压了美元贸易结算的份额，那时候，金价的下跌会成为推动人民币登顶"国际结算货币之王"的最后引擎。

总之，我们期待在未来，看到巨量的人民币和美元资金在黄金现货及期货市场开启新一轮的博弈，上演黄金市场中一场精彩的牛熊大战。

第六节　黄金与信用的关系

一、黄金是信用的本体

俗话说：每一枚金币的正面都是商品，背面都是信用。

商品可以用来使用和投资，而信用可以用来达成共识和避险。

信用在21世纪的当下，无论对国家还是对个人，都是非常重要的。

然而，随着全球化经济的动荡调整，各国汇率因为地缘利益冲突，政治经济格局动乱，在剧烈波动的当下，没有哪个主权信用货币的信用度可以百分之百地覆盖全球各个地区经济体和国家。

更甚，随着去美元化的进程不断推进，中国主导下的货币互换以及"一带一路"倡议，打破了美元通过信用扩张统御全球经济31年的历史（从1976年1月《牙买加协议》签订，黄金退出货币体系，到2007年8月发生次贷危机）。

暂且不说国家与国家、跨境企业与企业间的贸易结算，只说个人出国旅游或经商，为什么大概率需要兑换当地的货币才能顺利地融入当地的生活？

那是因为，你的国家的信用货币影响力已经不能覆盖住这个地区了。虽然说数字科技的进步已经让我们体会到了跨境在线支付的便捷，但上升到货币兑换的源头，依旧是需要各国央行之间的货币互换，才能实现中下游货币使用场景时的隐性货币影响力的交互的。

有人说，你看区块链比特币，它是超越国界的新兴信用货币化的大趋势，但问题是区块链交易所又是中心化的，而且都逃脱不了资本垄断的贪婪，就算区块链技术下的比特币是超越国界的，也并不是纯粹的去中心化的。

那么，唯一天然的去中心化的东西，有没有呢？答案就是黄金。黄金是所有地球人与生俱来都认可的，总量在地球这个相对封闭层面上是可控的，具备全体共识的超越国界的信用本体。

有人说，共识可以被炒作出来，比如比特币、茅台酒、耐克鞋，但这些都需要在资本的加持下，才会出现短暂的投资价值共识，一旦资本潮水退去，将一文不值。而黄金的投资价值共识，是贯穿了人类社会发展的，人类对它有一贯的永恒共识！

然而，问题又来了，1976年1月《牙买加协议》签订后，黄金退出了货币体系，黄金所能代表的信用和共识，又是什么信用和共识呢？

答案是弥合裂痕的对冲性信用，危机避险下的本能共识。

二、黄金与经济危机

我们来看在历次经济危机时刻黄金的表现：

信用是经济社会的基石，更是主权货币的基石。

当世界各国滥发货币透支信用的时候，信用这块基石就开始出现裂痕了。

而黄金的光芒会从缝隙中绽放，金灿灿的光芒四射，是人类挽救和弥合信用最后的希望。

（一）黄金的价值，往往与世界上重要的主流货币的强弱兴衰成反比

英镑时代如此，美元时代如此，数字货币时代如此，未来亦如此。

人类历史上，总是在尝试用各种各样的货币信用代替黄金的信用，并且想要把黄金的价格稳定住。

但历史告诉我们，没有一次是成功的。

英镑想以3英镑17先令10.5便士/盎司的固定比率捆绑黄金，折腾了150年后黯然退出了"金本位"。

美元也想以35美元/盎司捆绑黄金，折腾了30年后最终失败。在《牙买加协议》之后，从法律上"取缔"了黄金的货币地位，但也宣告了黄金不受控制的倔强。

千禧年前，在金价300美元/盎司的时候，欧洲11个国家央行以及欧盟央行联合签署《央行售金协定》（Central Bank Gold Agreement），想通过签约国每年只允许抛售400吨黄金的规定来解决各国的财政赤字问题，折腾了20年，通胀问题至今未解决，但黄金价格已经攀升到了2 079美元/盎司的高位。

最终《央行售金协议》在2019年被取消。现在各国央行都已经成了黄金的主要净买家，尤其是2008年金融危机后。

1999年5月，英格兰银行宣布将在市场上大量抛售黄金储备，多数欧洲央行随即仿效。消息传出后几周内，黄金价格跌到每盎司250美元的低位。在欧洲央行眼中，黄金是过时的储备手段，占地占人手，又不能像国债那样提供投资回报。十年内，欧洲央行共卖出3 800吨黄金，之后金价上升，欧洲央行至少损失了400亿美元。当年瑞士央行在售出三成黄金后，号称"大约减少30％的风险"，今天读来令人啼笑皆非。

总之，黄金像一头难以被驯服的猛兽，利用它总是短暂的，驯服它是不能的。

不过，黄金又像云南白药里面的红药丸，总在危急关头挽救信用，给人们带来最后的希望。

（二）黄金的价格，往往与人们与生俱来的恐惧和资本的贪婪成正比

当经济向好，人们乐观看好，资本贪婪地吸食着各种资产的价值，黄金被冷落；当经济看衰，人们悲观保守，资本贪婪地逃离，此时更需避险，黄金就被大力追捧。

"二战"后的60年代，当美国证券市场（包括股市、债市）的实际回报超过10%时，黄金的实质回报为－9%；当股、债市回报为－8%时，黄金的回报却高达22%。

1. 1914—1918年第一次世界大战期间黄金的表现

在第一次世界大战前，世界经济一直是以"金字塔式的金本位"运行的，截至1918年第一次世界大战结束，金价就从16美元/盎司上涨到最高30美元/盎司，最终平稳在20美元/盎司左右，涨幅高达87%。

2. 1929—1933年经济大萧条时期黄金的表现

在经济大萧条开始之前，黄金的价格约为20.67美元/盎司。然而随着大萧条的蔓延，经济动荡，人们对纸币和股市的投资持悲观态度。人们转向黄金作为避险资产。到1933年，黄金的价格已经上涨到35美元/盎司，涨幅高达70%。

3. 1937—1945年第二次世界大战期间黄金的表现

1937年7月7日，日本发动全面侵华战争，这是第二次世界大战的起点。1945年9月2日，日本签署投降书，是第二次世界大战的终点。

在"二战"前的1934年1月，美国国会通过了《黄金储备法案》，下令停止美元在国内兑换黄金（私人不能拥有黄金）。各国只能是央行或结算银行以固定比率兑取黄金。实际上，"二战"期间黄金的官方价格一直是35美元/盎司，而由于战争动乱，黑市横行，真实的金价或许远高于此。

1944年7月，44国签订"布雷顿森林体系"，使得黄金和美元的固定汇率成了国际法案。

如果从罗斯福用行政命令把金价钉死在35美元/盎司起算，直到1971年尼克松关闭黄金兑换窗口，终止了向国外央行承兑黄金，彻底松绑了固定兑换比例。可以说，黄金价格被桎梏了37年，直到后来的石油危机。

4. 1973—1975年石油危机期间黄金的表现

1973年10月，为打击以色列及其支持者，阿拉伯石油输出国组织宣布对美国等国实行石油禁运，同时联合其他产油国提高石油价格，从此，第四次中东战争爆发，阿拉伯石油生产国削减石油输出量，造成油价飞涨，打乱了西方国家经济发展的节奏。在危机发生一年之后的1974年12月，道琼斯工业平均指数比危机前的最高点下跌近一半，1975年，美国的失业率高达9.2%。

受此影响，各国大量抛售美元、抢购黄金。美国尼克松政府为了防止黄金大量外流，宣布暂停按照"布雷顿森林体系"所规定的固定汇率——35美元/盎司——的价格向美国之外的央行兑换黄金。

1971年12月，美元正式贬值7.8%；1973年2月，美国再度宣布美元贬值10%，3月，西欧各国对美国实行浮动汇率。

至此，以美元为中心的"布雷顿森林体系"宣告瓦解，波及整个西方乃至全球的经济危机也开始了。

这是"二战"后最严重的一次全球经济危机。

在这个过程中，黄金从35.17美元/盎司上涨到183.78美元/盎司，涨幅为422.55%。

巨大的涨幅，使得人们意识到，黄金不可能被任何货币的价格所"囚禁"，但依靠金本位或锚定黄金所带来的副作用也极其巨大。所以，在1976年1月，《牙买加协议》签订，确定了黄金非货币化，从此黄金不再和任何货币直接锚定。

5. 1979—1981 年第二次石油危机期间黄金的表现

当时，国际油价从 20 美元/桶以下飙升至 39 美元/桶，引发的高物价、高通胀率导致了更严重的世界性经济危机。黄金价格双轨制（官方价格和自由市场价格的双价制度）于 1979 年被取消，美元汇率黄金官价被取消，黄金价格完全市场化，由此黄金价格进入了自由浮动时期。

金价在这个阶段，从 190 美元/盎司涨到了 800 美元/盎司，涨幅为 321%。

6. 1987—1997 年全球股灾和亚洲金融危机期间黄金的表现

在这 10 年间，密集发生了"美国股市黑色星期一""第三次石油危机""日本泡沫危机""东南亚金融危机"。值得强调的是，以往的危机，无论是工业革命还是石油，都是供需为主导的危机，简称经济危机；而到了这次乃至以后，都是伴生着金融资产的危机和供需的危机相互作用形成的，所以也主要体现为金融危机。

由于黄金价格在当时已经进入自由浮动的状态，各国对于黄金的定价也都有很大差异。黄金在危机中，并没有体现出以往危机期间靓丽的表现。

在 1987—1997 年，基本维持在 284 美元/盎司到 425 美元/盎司区间，平均波动幅度为 33%。

7. 2008—2012 年美国次贷危机期间黄金的表现

2008 年美国次贷危机，又称次级房贷危机，指因美国次级抵押贷款市场动荡引起的金融风暴。

这次金融危机影响了整整 4 年。美国第四大投资银行雷曼兄弟于当年 9 月 15 日宣布破产，雷曼兄弟的破产彻底引爆了市场的恐慌情绪，成为金融危机全面爆发的标志，也导致全球 50% 的股价蒸发。

为了救市，美联储展开了四轮前所未有的量化宽松政策（QE）。

第一轮：2008年11月25日，美联储首次公布购买1 000亿美元政府机构债券和5 000亿美元MBS抵押支持债券，标志着首轮量化宽松政策的开始。2010年4月28日，美联储的首轮量化宽松政策正式结束。

在这个过程中，金价从698.8美元/盎司上涨到最高1 226.39美元/盎司，涨幅为75.4%。

第二轮：2010年11月4日，美联储宣布启动第二轮量化宽松计划，计划在2011年第二季度以前进一步收购6 000亿美元的较长期美国国债。QE2宽松计划于2011年6月结束。

在这个过程中，金价从1 325.35美元/盎司上涨到最高1 569.4美元/盎司，涨幅为18.4%。

第三轮和补充性的第四轮：2012年9月14日，美联储麾下联邦公开市场委员会（FOMC）在结束为期两天的会议后宣布，0～0.25%超低利率的维持期限将延长到2015年年中，将从15日开始推出进一步量化宽松政策（QE3），每月采购400亿美元的抵押贷款支持证券（MBS），现有扭曲操作（OT）等维持不变。

到了QE4的时候，规模是每月采购450亿美元国债替代扭曲操作（OT），加上QE3，联储每月资产采购额为850亿美元。

最终QE3和QE4量化宽松计划于2014年第四季度逐步结束。

在这个过程中，金价从1 787.35美元/盎司下跌到1 161.06美元/盎司，跌幅为35%。

这次波及全球的次贷危机，如果从2008年11月首次量化宽松开始算起，直到退出QE的2014年年底，整整造成了6年的影响。

在这个过程中，金价从679.97美元/盎司上涨到最高1 920.8美元/盎司，继而又下跌到1 130.1美元/盎司，整体波动了1 240.83美元的幅度。以2011年的黄金历史高点1 920.8美元/盎司作为分界，前期整体涨幅高达 182.48%，后期跌幅达 41.16%。

8. 2018—2022 年中美贸易摩擦＋全球疫情期间的黄金表现

从 2018 年开始，美国特朗普政府发动贸易战，导致全球化经济体系开始再次动荡。与此同时，2020 年又发生了全球性的新冠疫情。在双重影响叠加下，2020 年 3 月 9 日，全球在恐慌和黑暗中迎来了"黑色星期一"，全球新冠疫情快速蔓延，金融市场出现极为疯狂的走势：布伦特原油期货大幅暴跌 25%，美股、亚股、欧股三个市场全线暴跌。当年美股也触发了四次熔断机制，并且创下 1987 年以来最大跌幅。接下来的 2021 年，美股熔断三次，2022 年美股继续熔断两次。

其间，金价从 1 160.11 美元/盎司上涨到最高 2 079.76 美元/盎司，涨幅为 79.27%。

直到现在，我们仍旧看到黄金在不断地上涨……

（以上数据引自世界黄金协会。）

扩展资料

1999 年，发生了非常重要的事情，欧元出现了。

欧盟根据《马斯特里赫特条约》规定，欧元于 1999 年 1 月 1 日正式发行，在 2002 年 1 月 1 日起正式流通。同年 1 月 4 日，欧元在国际金融市场正式登场，被 11 个欧洲国家承认为官方货币。

欧元是一种具有独立性和法定货币地位的超国家性质的货币，它的出现，撕裂了美元垄断和覆盖全球大部分经济地区的局面，开启了"后金本位时代"争夺货币主宰的战争。

如果说在金本位时代，黄金是本位货币，所有货币都要与黄金锚定，黄金是价值的基石的话，那么在"后金本位时代"，也就是 1976 年《牙买加协议》签订后，黄金彻底非货币化以后的今天，黄金更像是一个天平的砝码，一个在欧元、美元、人民币这三个信用货币巨头争夺货币主宰过程中的重要砝码。

总结以上黄金在历次危机中的表现，其实可以看出，经济危机爆发初期，作为一种替代货币，人们一般会先买入黄金进行避险，促使金价上涨。但在危机中后期到复苏期，大家会选择社会上更广泛的股票以及各类资产投资，黄金避险作用降低，黄金相对于强势货币代表下的资产也开始进行价格的调整。

危机的严重程度，危机是由供需还是金融引发的，以及发生的时间，对黄金价格波动周期的影响都不尽相同。

但有一点是值得肯定的，黄金的价值和其在近 100 年间的价格是整体上涨的。

第四章
重新理解黄金投资

没有踩准金价波动的节奏,硬抗涨跌周期的实物黄金投资是不明智的。

只有建立在长期价值投资的基础上,以博弈黄金的价格差值作为目标,赚取相对稳定概率的收益回报的利润,才是黄金投资的核心逻辑。

第一节　为什么不建议一直持有黄金来投资

既然黄金的价格在这 100 年间一直是上涨的,那么单纯地一直持有实物黄金,是最佳的黄金投资方式吗?显然并不是。

首先,把钱变成金条等实物储存起来,只是单纯的资金沉淀。也正因为实物黄金本身不会生息,在你把它储藏多年的过程中,其实是没有任何投资收益回报的。只有在你选择卖出的那一刻,根据当时的金价,才能体现出到底是亏了还是赚了。

其次,黄金的价格并不是只涨不跌的。就算拉长时间周期看,确实是上涨,但也不乏出现连续 2~3 年的下跌周期。

我们来看一个现实的案例。

回顾 2013 年中国大妈集体抄底黄金的事件,当时给足了商家和媒体炒作的丰富素材。

但这个过程中,大妈们经历了什么?

经历了 7 年的煎熬,经历了黄金价格从 2013 年最高 345.6 元/克,下跌到 2015 年最低 216.8 元/克的过程,整整两年,巨大的 128.8 元的跌幅。

最终在 2016 年金价企稳回升,直到 2019 年 8 月,才真正恢复到了 2013 年买入时的价格。可以说,中国大妈抄底,整整用了 7 年的时间才迎来解套。

在这 7 年间，发生了什么？

中国的商品房销售全国平均价格从 2013 年的 6 237 元/平方米，涨到了 2019 年的 9 210 元/平方米。

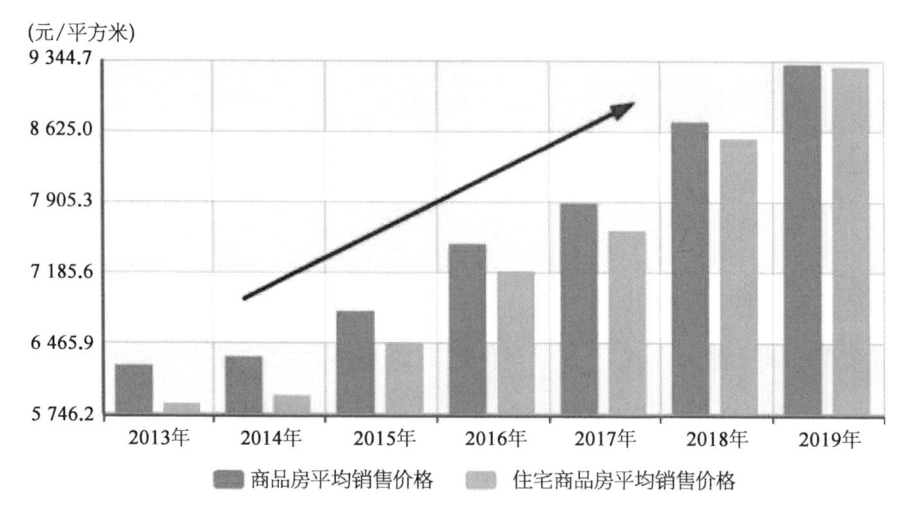

图 26　中国商品房平均售价走势

数据来源：国家统计局。

中国上证指数从 2013 年的 1 849.65 点上涨到 2015 年的 5 178.19 点，最终在 2019 年回归到 3 288 点的位置。

可以说，至少这 7 年间，把钱换成黄金是非常不划算的。也足见，如果只盲目地坚信大趋势上涨，而不考虑黄金本身 4～6 年一轮的漫长周期性调整，也不考虑自身投资能力和现金流对生活带来的影响的话，真的是一种非常失败的投资案例。

何况，就算是在上涨中，每一次中短期的下跌，也都是可以通过其他黄金工具做空或等待来完美避开这一波煎熬，重新等待企稳再跟进的。而被套的这 7 年，错失的不仅仅是资金的灵活运用机会，更错失了黄金应有的波动机遇。

采访所有抄底黄金的大妈们，估计其中的煎熬和焦虑，只有她们自己才知道。

所以说，虽然黄金中长期上涨确实是所有人看得见的事实，但谁又能把握得住每次的投资过程都是低买高卖呢？如果只单纯地做实物黄金投资，不掌握黄金价格波动的规律是非常不明智的。

第二节　如何投资黄金才是稳妥的

那么，如何投资黄金才是相对稳健合适的呢？

我想从两个方面展开来说：

第一，要熟悉黄金市场的行业情况，并善用各种黄金的投资工具，做好多元化的配置。

第二，要明确在黄金市场中投资，赚的是什么钱？

一、黄金投资工具有哪些？

黄金投资的方式有很多，比如投资实物黄金，这种方式更像是在沉淀资金，而且要做好穿越长周期的准备。

1. 实物黄金投资

要分清纯粹的金条投资和金饰品消费。因为黄金类饰品，为了造型、工艺等原因，往往会掺入一些其他金属，比如黄铜、铁、铱、钌、锇等来改变硬度、韧性。而且，由于作为商品，金饰品往往会有较高的加工费用，而回收的时候，又会有纯度损耗和回收价格的落差。所以，只有纯粹的金条，才能在较为接近市场大盘价格的前提下享受到金价波动带来的实际回报，也才能算作真正的实物黄金投资。

2. 黄金 ETF

很多投资者会选择购买黄金 ETF 基金，这种方式，我称之为"委托式黄金投资"。其实作为基民，你要做的就是把资金委托给基金公司，让他们来参与黄金市场，帮你间接地投资黄金。

但值得注意的是，其实黄金基民赚的钱并不完全是来自金价波动的收益，而是来自基金份额价值的收益。

我先简单用白话说明一下原理：

如果把黄金比作水，黄金市场就像一个大水池，在它的旁边摆着一个巨型水桶，它就是黄金 ETF。

大家都知道，黄金市场这个大水池的水位就是价格，有自己的"刻度"规矩，而黄金 ETF 这个大水桶的定价，是追踪基准黄金价格后，独立的一个报价"刻度"。

黄金 ETF 不是按照每克定价，而是按照每一份额基金合约定价。也就是说，黄金 ETF 这个大水桶里面的水，既是黄金，也不直接是黄金，是能兑换成黄金的一个合约。

而作为发售黄金 ETF 的机构，集合了众多的合约，以大水桶的形式参与黄金市场的水量管理。

也就是，机构集合了基民的资金，以机构身份进入黄金市场里面。

基民购买了黄金 ETF，就相当于让大水桶里面的份额减少，基金这个桶里的钱增多，那么钱就可以用来购买水，也就是水（黄金）多了。

这时候，基金公司（ETF 委托人）就会把桶里的水倒入大水池，这样一来，黄金市场的规模就增加了，资金流入，也就推动了金价的上涨波动。

然而，当老百姓觉得黄金 ETF 收益率不高，纷纷抛售的时候，基金公司（ETF 委托人）又会抛售黄金，把水变成钱，用这笔钱把老百姓手里的基金份额合约收回来，这样就保障了 ETF 的价格稳定。

这时候，对于黄金市场这个大水池来说，水量流出，价格波动下跌。

但微妙的是，黄金市场还有更多的需要低价现货的机构或个人"水桶"（游资或散户黄金交易者），这时候，金价下跌，又会带来逢低买入的更多玩家，以及看好黄金 ETF 价格上涨（跟踪金价）的基民。又开始了新的一轮资金流入大水池的循环。

总之，通过这个过程，咱们可以想象，黄金 ETF 就像是个水量调节器，它的波动，既不会直接影响金价剧烈涨跌，干扰实际的黄金供需，又可以从总量上给黄金市场扩容，一举两得。

对于投资者来说，一方面多了一个间接投资黄金的选择，另一方面又给了很多厌恶高风险理财用户相对稳妥的选择。

不过，万事万物皆有两面性，虽然说黄金 ETF 作用很大，但对于基民来说，也比较鸡肋：

黄金涨跌，ETF 价格波动不大；收益率拼不过股市，唯一一个值得入手的理由，恐怕也就剩下随进随出、比较灵活的优点了。

美其名曰：让资金在合理的范围内"保持投资的理性"，成了黄金市场各类型资金分层中的基石。

总之，黄金 ETF 对于国家、行业、机构来讲，都是一个非常不错的工具，也是黄金资产证券化的新玩法，对于老百姓来说，也可以算作是综合配置资产的可选工具。

市面上，像博时、易方达等基金公司都成了黄金 ETF 重要的代表。截至 2021 年年底，中国黄金 ETF 的总持仓量为 75.3 吨（约合 278 亿元人民币），目前世界上持仓规模最大的黄金 ETF（SPDR GOLD TRUST），成立于 2004 年，而中国第一只黄金 ETF——华安黄金 ETF，也是目前亚洲持仓量最大的黄金 ETF。

目前亚洲黄金 ETF 持仓量（60.3 吨）在全球黄金 ETF 总持仓量（3 570.2 吨）中的占比还不到 1.7%，但是以美国为首的黄金 ETF 基金规模（1 801.9 吨）在全球占比高达 51.3%，欧洲黄金 ETF（1 568 吨）在全球占比也达到了 43.9%。[1] 所以，中国黄金 ETF 发展仍然处于起步

---

[1] 数据来源：中国证券基金业协会。

阶段，未来还有很大的增长空间。

黄金ETF，通过这几年的发展，已经成为支撑市场牛市的重要角色，也成为给黄金市场提供充足资本、充足流动性、扩容市场规模的重要角色。

3. 积存类

在"黄金的分身"这一节，我们提到过积存金。

它的特点是只能买涨，在黄金下跌过程中，只能选择减持或赎回，并没有对应的做空获利的手段。这类积存的黄金工具，是银行普遍推广的一种"银行负债类表外业务"。对于黄金投资者来讲，相当于黄金属性的活期零存整取。

官方解释：

《黄金积存业务管理暂行办法》（银办发〔2018〕222号）中对黄金积存业务的定义为"金融机构按照与客户的约定，为客户开立黄金账户，记录客户在一定时期内存入一定重量黄金的负债业务"，这条定义站在金融机构的角度进行描述，最后落脚在"负债业务"。

从客户的角度来看，积存金是金融机构参考上海黄金交易所及其他市场黄金价格向客户报价，客户用货币购买积存金份额，赎回份额时支持份额转换为实物黄金的一项黄金投资，落脚在"黄金投资"。

值得注意的是：黄金积存类业务目前只允许银行存款类金融机构开办，销售渠道有自销、取得代销资质的其他银行或互联网机构。

根据《黄金积存业务管理暂行办法》与《金融机构互联网黄金业务管理暂行办法》，代理销售黄金积存产品的金融机构和互联网机构不得提供黄金账户、清算、结算、交割等服务，不得将代理的产品转给其他机构进行二级或多级代理，在账户开立与客户身份信息识别上也应满足银行的反洗钱监测要求。

而且更重要的是，并不是每个银行的积存类产品都能支持实物兑换，这也就意味着，你的积存金份额并不能做质押或其他资产性质转变。所以，在投资的时候，一方面需要考虑自己的风险承受能力，另一方面要做好资金的规划。

4. 国内期货/期权黄金/国际黄金交易

这一类，是真正的黄金自主交易，这个工具是目前黄金投资者普遍选择的方式。

先来说国内期货黄金，上海期货交易所在2008年1月9日推出黄金期货，在2019年推出黄金期权。投资者可以通过查询证监会批准的149家期货公司来选择适合自己的券商，进行开户交易。投资者应注意从三个方面来考察和选择：

（1）通过中国证监会官网，查询期货公司的评级。期货公司分为A（AAA、AA、A）、B（BBB、BB、B）、C（CCC、CC、C）、D、E 5类11个级别，分类级别是以期货公司风险管理能力为基础，结合公司服务实体经济能力、市场竞争力、持续合规状况，对期货公司进行综合评价。

（2）手续费、保证金的对比。

手续费收取，一般是两种方式：固定金额收取（按照合约价格），按照成交金额收取（手续费×合约手数×手续费费率）。并且可以根据情况，申请手续费的部分返还。

保证金收取，期货保证金＝交易所保证金＋期货公司附加部分保证金。一般期货公司会在交易所的保证金基础上上浮2%～3%。保证金＝合约现价×单位×保证金比例。

由于交易所的产品保证金都在5%～15%，也就是交易杠杆，适合的保证金比例配合良好的交易策略执行，可以让你的资金利用率更高。

（3）交易权限（席位）及配套软件。

每个期货公司都会有自己名称的交易软件。但其实核心系统，目前无外乎期货CPT、恒生、易盛、金仕达这几个，每个公司都有自己特色的服务，比如插件指标、结算快捷服务等。在考察的时候，可以注重交易的流畅性、功能的完善性。

再有，投资者以个人名义开户，还是以公司法人名义开户，获得的交易席位和权限是不一样的。

扩展资料

其实在2008年上海期货交易所推出黄金期货之前，上海黄金交易所就已在2002年推出了黄金递延业务，只不过当时只允许会员单位交易，而后在2005年完成了个人交易系统的开发，并于2005年7月在中国工商银行上海分行试点。在2009年，黄金递延业务Au（T+D）正式对个人客户开放。

但由于黄金递延业务Au（T+D）在市场运行过程中，多家银行以及会员单位出现诸多不规范的揽户操作以及违规交易，导致众多投诉事件频发。加之后来多家黄金ETF基金公司跑步进场，给上海黄金交易所带来了巨量市场资金，也给投资者带来了新的低风险的黄金投资工具选择。所以，在2019年，黄金递延业务Au（T+D）就被叫停个人开户了。至此，黄金递延业务只能成为机构投资者的工具了。

我们再来说说国际黄金：

国际黄金市场也叫作场外交易市场，有人说，国际黄金就是伦敦金，也有人说，是美国的纽约金，因为国际黄金就是用美元报价的。

那么，为什么炒伦敦金不是用英镑报价呢？炒黄金的交易时间从周一到周五，中间几乎不闭盘休市，为什么时间如此之长？为何美元报价的黄金有现货和期货之分呢？

这些说法都不准确。

我们在介绍交易所的那一节里，详细介绍过全球黄金市场的架构，这里就不再赘述了。

但我们明确的是下面几点：

1. 国际黄金交易有哪些模式？你的交易对手是谁？

目前主要模式有三种：STP、ECN、MM。

STP（Straight Through Processing）是直通式处理系统，是指黄金经纪商平台将客户的交易订单直接发送给流动性提供商（如银行、投资机构或其他经纪商平台）进行撮合成交，而不经过中间处理平台（Dealing Desk）干预。

ECN（Electronic Communications Network）是电子撮合成交模式，是指经纪商平台将客户的订单发送到一个电子网络中，在网络中，有多个流动性提供商来实现撮合成交。可以说 ECN 模式是包括 STP 在内的更高级别的直入市场模式。

MM（Market Maker）是做市商模式，是指经纪商平台自己提供买卖报价，并与客户进行对赌交易。做市商一般会先汇总和过滤清算商银行价格和 ECN 价格，然后加上自己的成本和利润后报价给客户。做市商的盈利除了来自客户支付的点差成本、利息成本和佣金成本外，也会有一部分是通过做市过程中获得的客户损失来赚取的风险收益。

三种模式综合比较来说：

STP 和 ECN 模式避免了经纪商平台与客户产生利益冲突，也可以提高订单执行的速度和效率。但由于真实的市场流动性是变化的，STP 模式往往是浮动点差的，并且会出现订单不稳定、悬空拒单或者延迟的情况。

ECN 模式的透明度最高，点差也最低，但正因为享受了更好的服务，所以普遍需要支付一个固定的成本，并且入场门槛比较高。

最后反观 MM 模式，也是最让人诟病的所谓做市对赌的模式，它的点差普遍是固定的，订单执行因为对手盘是经纪商，一般比较稳定，不受流动性不足的影响，但容易出现做市商操纵价格或拒绝执行或滑点等一系列违规问题。

目前市面上对于交易模式的提供和选择，一般都是混搭的。比如 STP＋MM，抑或 ECN＋STP，这个需要客户根据自己的情况来做选择。

2. 国际黄金市场目前的监管情况如何？如何看待各种各样境外牌照的实际监管效力？

我们先来看一段世界黄金协会关于场外交易与交易所交易的阐述。

批发市场的黄金交易主要通过两种形式进行：场外交易（OTC）与交易所交易。一直以来，绝大多数 OTC 市场都位于伦敦周边，而提供黄金现货与期货交易的交易所则可见于各种市场中心。在黄金市场，如同绝大多数资产类型一样，场外交易与交易所交易之间存在着一定的共生关系。

OTC 市场的特点是：市场参与者直接与对方进行交易。两个交易对手彼此约定价格，履行和对方完成该交易（进行现金与黄金的交换）的义务。相比在交易所内的交易，这种当事人对当事人的交易形式所受监管通常较少，并且也是一直以来绝大多数市场运作的方式。OTC 模式为人所熟知的优势是：为市场参与者提供了高度的灵活性（例如，定制各种交易），并可匿名进行大笔交易。然而，OTC 市场通常缺少较高的透明度，使得市场参与者暴露于交易对手信用风险之下。当市场参与者开始怀疑他们交易对手的财务状况，如在 2008 年金融危机中所发生的一样，市场流动性会快速消失，从而导致市场无序运行。OTC 市场同样也面临着多个监管挑战，而这些挑战也增加了这种模式下交易的典型成本。

交易所通常为受监管的平台，将市场参与者之间的交易集中化，并且在交易中担当媒介角色。交易所支持透明的市场定价，通常通过一个中央买卖盘纪录来进行，而市场参与者则将他们的买卖意向登记在其上。交易对手风险通过清算流程转移到中央结算对手（CCP）身上。CCP 可缓冲信用风险敞口，通过市场参与者提交抵押物（保证金）以及缴纳中央违约基金的方式得到保护，免遭违约事件的冲击。总体而言，交易所/CCP 可支持广泛的市场接入，因为各家公司或者以成员的身份直接接入，或者通过中介银行或经纪人获得接入。各大交易所通常提供各种高度标准化的合约，这种合约会限制灵活性，但是，这个缺点通常可通过资金和运营效率来抵消，这也是标准化所带来的优势。

通过这段话，我们知道，除了国家央行、大型金融机构、企业单位以外，普通投资者能直接接触到的其实就是 OTC 黄金场外交易市场，通过经纪商平台的黄金报价呈现到投资者面前。

然而，正因为目前黄金场外交易市场面临着跨国界、跨政府的金融监管，整体还是处在一个相对无序发展的阶段。

那些经纪商平台，打着来自英国 FCA 监管、澳大利亚 ASIC 监管等牌照进行宣传。但无论哪个国家的金融监管，在中国，尤其是大陆地区，都存在金融监管难以互认或失效，平台一旦产生违规展业，出现资金违规跨境，就给投资者带来资金安全的风险！

所以，虽然金融是无国界的，但金融监管是有国界的。

希望黄金投资者们可以权衡利弊，深知风险，擦亮眼睛，结合自己所在的国家或地区，进行合规的黄金投资。

扩展资料

目前全球涉及关于国际黄金场内交易市场的监管：

上海黄金交易所（SGE）：受中国证监会监管。

伦敦金属交易所（LME）：受英国金融市场行为监管局（FCA）监管。

纽约商品交易所（COMEX）：受美国商品期货交易委员会（CFTC）监管。

香港金银业贸易场（HKEX）：受香港证监会（SFC）和中国证监会监管。

苏黎世黄金交易所（Zurich Gold Market）：受瑞士国家银行（Swiss National Bank）监管。

东京商品交易所（TOCOM）：受日本金融厅（FSA）监管。

莫斯科交易所（MOEX）：受俄罗斯金融监管局（KROUFR）监管。

迪拜黄金交易所（DGCX）：受阿联酋证券和商品管理局（SCA）监管。

印度商品交易所（MCX）：受印度证券交易委员会（SEBI）监管。

新加坡贵金属交易所（SGPMX）：受新加坡金融管理局（MAS）监管。

3. 交易软件的类型和选择

提到这类交易的配套工具，我们先来分清什么是分析软件（看盘软件）和交易软件。

我用三句话来总结：

一、分析软件是专注分析而形成的系统，交易只是其中的一个功能，资讯内容比较丰富。

二、交易软件是专注交易而形成的，与交易相匹配的实用工具比较多。

三、无论是分析软件还是交易软件，都分专业的机构版本和普通投资者版本，在使用上，不求功能繁多但要准确有效。

说完了黄金市场中各类工具的情况，我们再来回答，在黄金市场中投资，赚的是什么钱？

二、投资黄金赚的是什么钱？

如果你是黄金行业的从业者，那么黄金就是你的生产资料。比如，你做实物黄金的业务，那么黄金只是你"流动资金业务"的载体。黄金这个生产资料就是为了让你可以打通一条资金流动的管路，在资金流动过程中，赚取相应的附加值。这个附加值包含了价格差、服务费、咨询费等。黄金生产企业的利润来自金矿开采和销售的价格差，以及期现合约的对冲收益；黄金加工和销售企业的利润来自对黄金的加工和品牌溢价服务；互联网黄金企业的利润来自为用户提供的咨询服务，对接商品销售和回购等服务的服务费；银行代售或租赁的黄金，为银行带来了丰富的表内外资金流动性。

但如果作为个人投资者，我觉得，正因为黄金是非生息资产，黄金投资只能且必须是建立在长期价值投资的基础上，以博弈黄金的价格差值作为目标，赚取相对稳定概率的收益回报的钱。

说白了，战略上是价值投资，战术上是价格"投机"。

无论中长期还是中短期，都要回归到对黄金价格敏感的判断和决策上。

那如何才能在实际投资过程中，把握好黄金价格的脉动，做出有效的决策呢？且看下章实战讲解。

第五章

黄金投资交易的实战讲解

　　以原创的"弹性理论"六大规律为基础，打破你对K线和技术工具的传统认知，让你快速掌握技术分析的诀窍。

　　面对纷繁复杂的消息，不要人云亦云。学会分析基本面，让你拥有更独到的视角、更冷静的判断。

　　了解自己的心态，修炼自己的心态，时刻保持正确的决策，以面对风云诡谲的市场。

　　学会决策面分析的思维框架和口诀，用它开启你的黄金投资之旅。

第一节 技 术 面

本节我们就进入黄金的实际操作层面，为大家梳理如何通过了解黄金市场的价格规律，来获取有效回报的各种方法。

本节将从技术面、基本面、决策面、心态面四方面来阐述，最后讲解如何通过消化吸收这"四碗面"，来构建属于你自己的策略决策体系和黄金投资配置组合。

为什么要学技术呢？因为黄金投资首先是自己的智力投资！

有一种人，觉得拿着资金闯入市场中，只凭借自己的感觉就能赚钱；还有一种人，在用自己的本金，不断地试验各种机构或某个厉害牛人的投资准确率。

最终大概率，这两种人都是铩羽而归的！

只有先结合自己的资产情况、投资或工作经历，了解自己的脾气性格，分配好投资的时间，再系统地学习技术，吃透、消化"四碗面"，才能让你的资金在这个市场中发挥最有效的作用。

下面我来展开讲解。

一、弹性理论

在黄金交易领域，有三大理论作为技术分析的支柱。分别是道氏理论、江恩理论、波浪理论。这三个理论，有各自的特点，也有各自的弊端。

先说道氏理论。它是侧重于对趋势的研究，把趋势分为主要趋势、中期趋势、短期趋势。这三重运动构成了市场。在中期趋势中，呈现与主要趋势的反向波动，而这个折返波动的幅度和转折点，又只能逐步确认。所以，如果单独只用道氏理论来指导技术面交易，非常容易出现滞后性，更容易出现主观的猜测。

大家都知道，对于已经走出来的行情，用如何牵强附会的解释都可以讲得头头是道，但如果着眼于趋势方向，对中短期趋势变化就难以把握，并且无法预判和测算相对精准的价格，所以，道氏理论只能作为辅助判断趋势的一种方法论。

再说江恩理论。它是三大理论中唯一将数学、几何、宗教、天文综合运用建立起来的分析方法。它的理论中，对数学表达和能力的要求门槛非常高。

首先，它用数学原理把看似杂乱的波动梳理为有序的交易秩序。

其次，它把理论变为实用的"江恩时间法则""江恩价格法则""江恩波动法则"。并且研发出了"江恩甘氏角度线""江恩线""江恩数字表""江恩轮中轮""江恩六边形""江恩螺旋四方形"等测算工具。

但是，重点来了。由于威廉·江恩本人是一个狂热的宗教徒，他在使用数学原理计算的基石采用的是上帝7天创造世界的理论。普遍采用的是"7"这个数字作为周期的起点，这就导致从理论之初就有着难以改变的局限性。

威廉·江恩在晚年也非常固执，想用自己发明的工具来发现市场中所有的规律。但是我们用朴素的哲学观就能明白一个道理：世界上，就没有绝对的事情。

市场的每一次波动、每一轮上涨中，都嵌套着小周期的下跌过程，每一轮小周期下跌过程中，又嵌套着各种外界刺激和市场资金影响下的杂乱的波动。

这种起点就很局限的理论是无法完全覆盖所有行情的，也无法解释和筛选行情中无序波动的杂音的。

况且，也正因为如此复杂的理论和工具，把它们代入任何行情来测算都讲得通，但又不能完全讲通。这也正好印证了中国博大精深的那句话：大道至简。越是偏执地追求绝对精细，反而容易走火入魔。

如果说道氏理论容易导致投资者对趋势的主观猜测，那么江恩理论就容易导致投资者对各种工具模型中数字价格的主观猜测，反而会导致交易的迷茫和失败。

最后说艾略特波浪理论。一句话总结就是："八浪理论，五上三下。"它可以看作是对道氏理论趋势的细化版本。而且，他也是唯一使用黄金分割率这一神奇数字的理论。

这个理论的基础就是每次行情折返的比率一般就是 0.382、0.5 及 0.618，但是，由于波浪理论是从研究道琼斯工业指数开始的，指数和真实的商品或股市波动有着大相径庭的规律，再加上波浪理论本身是先主观地区分趋势，从区分的一浪、三浪、五浪开启测算，那么对后续的理性测算就有着致命的缺陷。因为区分浪的价格起点，每个人的看法都是不一样的，可以说，波浪理论只考虑形态上的主观因素，并没有考虑市场本身的交投变化以及其他因素，所以，艾略特波浪理论也只能作为趋势判断的辅助佐证工具。

那么，通过上述分析，我们又应该如何去判断行情呢？

首先，我们要明确和认同几个非常重要的核心观点：

第一，市场是人的市场，主观判断并不可怕，但没有理性基础依据的主观，才是最可怕的。

看涨就想买，看跌就想卖，从不扪心自问理由是什么？好像那句禅语：非风动，非幡动，仁者心动！

第二，规律固然存在，但杂音也是规律的组成部分，正所谓，乱中有序。大自然如此，黄金市场更是如此。

森林中，每一片落叶都是无序的，但每一棵树的落叶落点范围一定是有序的。

第三，大道至简，阴阳调和。抓住主要矛盾，屏蔽掉市场波动的杂音，是分析和测算黄金价格走势的关键。繁杂的指标和工具这么多，不需要都用。组合配置属于自己的那一套就足够了。

第四，弱水三千，只取一瓢饮。黄金市场的价格波动，有单边的上涨，有单边的下跌，也有宽幅的震荡、窄幅的盘整，更有无序的诱多、诱空的震荡情况。这么多种不同的行情，不可能每种行情都能被指标和测算工具精确地计算出来。世界上永远没有一劳永逸、拥有完美准确度的技术理论。我们要做的，就是只做自己熟悉的那一类行情。

想象一下，交易就像临河舀水。你拿着瓢（你的固有策略和资金），坐在河边，每次舀你能抓得住的有限的水（收益）。有时候，策略错了，瓢损失掉了；有时候策略对了，舀的水也是有限的，这才是常态。你不可能将每时每刻每次的行情都不落下，都抓上，这是不可能的。

投资者也要习惯在盈利状态、亏损状态、空仓状态三种状态中切换适应，在一次次累积中获得收益的增长。

如此，也印证了我之前说过的那句话：黄金投资只能且必须是建立在长期价值投资的基础上，以博弈黄金的价格差值作为目标，赚取相对稳定概率的收益回报的钱。

那么，接下来，结合上述的核心观念，来讲解我总结的黄金价格的弹性理论。

黄金价格的弹性理论由六大规律组成。

规律一：历史周期的弹性。

黄金经历了从无弹性时代到小弹性时代，再到大弹性时代的过程。

未来的弹性萎缩，将以主权信用货币的登顶之战作为开启弹性萎缩的标志。

首先来解释弹性。价格围绕价值波动，即为弹性。弹性大则波动幅度大，弹性小则波动幅度小。

其次来解释无弹性时代、小弹性时代、大弹性时代、弹性萎缩时代。

1. 无弹性时代

1816—1914 年是金本位时代，黄金即货币，价格和价值基本对等。金价基本没有价格的波动，涨跌弹性不足。

2. 小弹性时代

1976—1999 年，开启全球单一贸易货币（美元）时代，黄金进入小弹性时代。黄金迎来第一轮涨跌，价格开启围绕价值展开波动。

3. 大弹性时代

2000 年至今，随着欧元的产生，以及人民币在 2009 年开启国际化，中、美、欧三种主权信用货币开始了结算货币的争夺战。黄金开启了大幅度价格围绕价值的弹性涨跌波动周期。我们看到黄金从 21 世纪开始，上涨成为主旋律，而其中连续多年的下跌，它的幅度也是以年度为周期展开的。

4. 弹性萎缩时代

随着新时代数字货币的发展，以及"一带一路"倡议，人民币开启对国际结算货币的冲顶过程。当人民币冲顶桂冠完成，结束多币种争雄格局的时候，则是黄金开启价格与价值波动幅度回缩的弹性萎缩过程。

所以在这个过程完成前，黄金投资者应保持对黄金长期上涨、波动剧烈的观念不变。

规律二：宏观周期的弹性。

黄金自从开启弹性波动的时代后，每一轮上涨或下跌的周期基本以 4~6 年范围内为一轮弹性周期。

并且下跌周期是下一轮上涨的前奏，上涨周期是下一轮下跌周期的起跳。

此规律适用于月度和季度周期的行情。

规律三：周期嵌套的弹性。

年度大趋势、季月度中趋势、周日度小趋势，永远是一个相互嵌套、相互影响的弹性回归过程。

单边行情是更大周期趋势的弹性反馈，震荡行情是更小周期趋势的弹性整理。

单边行情与震荡行情相互交替，构成了无序中有序的方向。

单边行情是弹性释放的过程，震荡是弹性蓄力的过程。

规律四：弹性的测算影响。

所有周期的弹性涨跌波动，都受到来自斐波那契（黄金分割）系列数字的神秘影响。

每一轮的上涨后回调，以及每一轮下跌后反弹，都可以用斐波那契（黄金分割）系列数字所包含的测算工具来测量出基本的阻力支撑，指导交易操作。我们常见的阻力或支撑，就是波动过程中弹性的体现。

价格波动中，逢阻力和支撑都会有弹性回缩，所以测算过程就是理性确定买卖点和调整止损止盈点的过程。

规律五：微观周期的弹性。

黄金K线价格波动的奥秘，即是图形结构之美。由各类趋势线、颈线、通道线、图形线构成的图形边界，均有或大或小的周期时效的弹性。在每一天的波动中，也体现出多空涨跌，体现出在不同的结构中、不同的动量下的快慢波动速率。

规律六：弹性的分解。

弹性的波动推演，可以分解为势、时、点三种因子，分析如下：

势——趋势/方向，是价格挣脱价值，向涨或跌一个方面持续突进的表现。

时——时机/结构，是每次震荡和单边这两类行情交替的时机节点。

点——点位/价格，通过相对精确的测算画线工具来确定买卖点、止损点、止盈点等价格。

我们可以发现以上六大规律，前三个规律是黄金市场的波动规律总结，而后三个规律是黄金价格的运动规律总结。

我们只有在掌握黄金市场的波动规律后，去分析黄金价格的运动规律，只有从辨明走势方向、确定波动的图形结构、测算具体价格这三个角度出发，才能真正地用于实战交易。

接下来，我就开启对黄金价格的运动规律分析的实战技巧讲解。

正所谓，工欲善其事必先利其器。在金融交易领域的工具种类繁多，针对黄金市场的波动特性，我筛选出几种比较常见且易上手的工具，供大家参考使用。

黄金技术分析的工具大致可以分为两类：一类是观察的工具，另一类是测量的工具。

（1）观察的工具

K线、各类主图指标、副图指标。

（2）测量的工具

趋势线、通道线、多边图形工具、斐波那契系列工具。

以上两类工具，我们首先要从 K 线讲起。

二、K 线的由来

K 线的叫法，来源于"罫"（guai，日本音读 kei），西方以 Kei 的英文第一个字母"K"直译为"K"线，由此得名。其实，K 线就是中国的卦。K 线的发明源自中华传统文化《易经》的阴阳爻线。这个结论我们稍后分析。

据北京大学中国古文献研究中心教授刘萍考察，《易经》传至日本的记录最早见于《日本书纪》。据记载，继体天皇七年（公元 513 年）七月，百济（今朝鲜半岛南端）五经博士段阳尔，作为学者人才被朝贡于日本朝廷。自此，"五经"中包含的《易经》被传入日本。

后来，日本易学的研究在江户时代进入全盛期。神道家、政治家、学者等纷纷利用易理来支持他们的理论。

在17世纪的日本，农业生产比较发达。处在封建社会的日本各阶层，都习惯用稻米作为俸禄和交换媒介。不仅上流社会的将军、大名、家臣等在发放俸禄时基本上以稻米为主，农民上缴租税也以稻米抵扣。

这样，稻米成为日本社会存贮财富的一种方式，很多财阀建有专门的米仓以储备和转运稻米，从而在经贸中心大阪一带形成了成熟的米市，最后甚至还诞生了世界上最早的大米期货交易（米票交易）。本间宗久就是最早一批从事米票交易的商人。

据传，本间宗久曾经以数万身家炒作米市失利而破产。后来看到了《易经》，于是闭关研究出一套形似"蜡烛"的关于米价走势记录和观察图形方法，然后，重返米市创造了连续交易不败的业绩。但不为人知的是，看似"蜡烛"的图形，其实就是本间宗久参考中国的《易经》阴阳符号和背后的阴阳之变的哲理，将横竖调转方向之后所表达出来的一种规律总结方法。

后来，20世纪90年代华尔街的证券分析师史蒂夫·尼森搜集、整理并出版了《日本蜡烛图技术新解》，成为向西方介绍蜡烛图技术的第一人。至此，以中国传统《易经》为核心思想的K线蜡烛图开始风靡全球。直到现在，K线也是作为全球金融市场分析的核心工具。

其实，在整个金融交易市场发展的历程中，不止有K线蜡烛图，还有苏格兰人威廉·普莱费尔折线图、柱状图以及后来的点状图。但它们不能在单一的报价刻度周期内显示出多空的力度变化过程，也很难像K线蜡烛图那样形成多个价格组合后，再构成多根组合的形态分析，所以，就没有成为主流的分析工具。目前在K线蜡烛图的基础上，又演变出了更多专业化的类型图，比如Heiken-Ashi图（平均K线蜡烛图）、

Renko 砖块图，这些都成了金融专家常用的分析基础工具。

遗憾的是，正因为包括本间宗久、史蒂夫·尼森在内的和并非深入研究《易经》的专家，并不能深入理解来自阴阳爻参考下形成的 K 线的核心哲理，也并不具备东方人对阴阳混沌转化的多元哲学思想和文化底蕴，导致后市关于 K 线的技术书籍对于 K 线图形的解释，充满了西方简单粗略、单一线性思维下的牵强附会的表象解释。

比如，给 K 线的形状生搬硬套上一些图形名称，比如射击线、吊颈线等。

所以，我觉得作为中国人，作为中华传统文化的直接继承者，有必要结合中国的阴阳理论，结合《易经》、《列子》、儒家孔子及后人的《易传·系辞上传》，站在咱们中国人的视角，对 K 线蜡烛图做一次重新认知和解构。

我把 K 线的种类总结为五类，共九种。

第一类：十字星 K 线

十字星 K 线是所有 K 线的初始状态，也是涨跌方向和多空力度最混沌的状态。它们像极了阴阳的两部分，上涨多头衰退到极致则代表下跌空头的诞生。当你看到出现十字星 K 线的时候，它代表了当时涨跌方向和多空力度相互纠缠，达到相对的动态平衡。

以此分化出的阳十字星和阴十字星，虽然看上去有多空的区别，但从整体趋势上讲也是多空力度博弈、胶着、难分胜负的力度体现。不过，一般出现这类 K 线，也是价格波动开启由弱转强的信号。

第二类：普阳 K 线和普阴 K 线

有头有尾的阳 K 线叫作普阳 K 线，有头有尾的阴线叫作普阴 K 线，也就是最为普通的 K 线。它们普遍存在于黄金市场的盘面中。

第三类：纯阳 K 线和纯阴 K 线

近似无头无尾的阳 K 线和近似无头无尾的阴 K 线就是纯阳 K 线和纯阴 K 线。它们是阴阳中极致的代表。但中国古人言，满盈则亏，盛极而衰。一般遇到这类 K 线要小心，价格波动的后市随即展开弱势格局。

第四类：正阳锤 K 线和倒阴锤 K 线

近似有尾无头的阳 K 线为正阳锤 K 线，近似有头无尾的阴 K 线为倒阴锤 K 线。它们分别对应着阳兴和阴兴。因为它们的变化是最容易由十字星 K 线通过普阳 K 线变化而形成，显示出价格波动的力度逐步增强的意图。这也像极了大自然的四季交替变化，由春到夏，暖意兴起；由秋至冬，寒气渐浓。

第五类：倒阳锤 K 线和正阴锤 K 线

近似有头无尾的阳 K 线是倒阳锤 K 线，近似有尾无头的阴 K 线为正阴锤 K 线。它们分别对应着阳衰和阴衰。因为它们的变化是最容易由纯阳 K 线和纯阴 K 线通过普阳 K 线变化而形成，显示出价格波动的力度逐步减弱的意图。这也像极了四季中急转而下的交替变化。它们分别对应着由暑到秋，暖意渐衰；由寒至春，寒气渐衰。

其实，如果不是单纯地只看一个 K 线，而是以 K 线构成的波动整体来看，那么涨跌多空力度的变化是遵循着强弱转化、相互交替的原则的。

可以说，窥一斑而见全豹，如果我们以一个动态的、守中致和的思维来看待 K 线和其背后的波动规律，就会让我们有更加高维度的判断力。

K线类型	K线图例	特　性
十字星K线		当前表现为多空平衡，但对后市起到由弱转强的作用
普阳K线和普阴K线		
纯阳K线和纯阴K线		当前表现为多空达到极致，但对后市起到由强转弱的作用
正阳锤K线和倒阴锤K线		正阳锤K线当前表现为多头萌发，由弱转强； 正阴锤K线当前表现为空头来袭，由弱转强
倒阳锤K线和正阴锤K线		倒阳锤K线当前表现为多头衰退，由强转弱； 正阴锤K线当前表现为空头衰竭，由强转弱

我们看待 K 线的波动形成过程，要以一个动态的视角，以涨跌方向、多空力度的双重角度来审视 K 线带给我们的价格信息。黄金价格的波动永远是在涨、跌中互相转化，也是在多空力度的变化中此消彼长。

三、弹性理论视角下的 K 线

用弹性理论重新审视 K 线：

其实 K 线作为最基础的交易工具，大家需要掌握的有三部分，分别是单一 K 线、K 线组合、中继形态（单边涨跌过程中的整理形态叫中继）。

首先来说 K 线。

单一——根 K 线所包含的意思非常丰富。不仅显示了开盘价、收盘价、最高价、最低价，而且通过 K 线运动轨迹的记录，显示出了上影线（上涨的轨迹）、下影线（下跌的轨迹）。

由于价格是动态弹性波动的，因此我们看待 K 线的时候，也要有一个动态的想象力：

纯阳线——价格从开线那一刻起，就几乎没有低于开盘价的回跌，最终收盘价等于或接近最高价。显示出多头力度贯穿始终的强劲。

纯阴线——价格从开线那一刻起，就几乎没有高于开盘价的反弹，最终收盘价等于或接近最低价。显示出空头力度贯穿始终的强劲。

正阳锤——价格从开线那一刻起，经历了明显的下跌，导致形成长下影线的轨迹，而后中途多头发力，最终反弹超过开盘价，直到收盘价高于开盘价，且收盘价等于或接近最高价。显示出空头力度前强后弱，多头力度最终占据上风。

倒阳锤——价格从开线那一刻起，经历了明显的上涨，导致形成长上影线的轨迹，而后中途空头发力，压低价格，但最终收盘价并没有低于开盘价。显示出多头前期强后期弱，最终空头力度占据上风。

正阴锤——价格从开线那一刻起，经历了明显的下跌，导致形成长下影线的轨迹，而后中途多头发力，抬高价格，但最终收盘价并没有高于开盘价。显示出空头前期强后期弱，最终多头力度占据上风。

倒阴锤——价格从开线那一刻起，经历了明显的上涨，导致形成长上影线的轨迹，而后中途空头发力，压低价格，最终下跌超过开盘价，且收盘价等于或接近最低价。显示出多头前期强后期弱，最终空头力度占据上风。

十字星——价格从开线那一刻起，经历了上涨和下跌，最终收盘价与开盘价的距离等于或接近。显示出多空在涨跌中相互攻守，最终达到平衡的状态。

普阳——拥有明显上下影线，但实体部分占主要的普通阳K线。显示出多空博弈最终多头力度稳固。

普阴——拥有明显上下影线，但实体部分占主要的普通阴K线。显示出多空博弈最终空头力度稳固。

通过以上的归纳，我们可以发现：

1. 无论是1分钟的单根K线，还是年度的单根K线，它们都经历了所在时间周期中涨跌的变化，也正因为价格起点和终点的不同，才导致为什么阳线是开盘价在K线实体的低位、收盘价在K线实体的高位，阴线是开盘价在K线实体的高位、收盘价在K线实体的低位的原因了。

2. 真实行情中，普阳K线和普阴K线是最多呈现的，纯阳纯阴K线、锤子类、十字星是稀少的。那么我们就可以从这三类中找到关于涨跌的力度转折，从而感知到价格的变化方向。

3. 普阳K线和普阴K线，也并非没有意义。观察实体部分，无论是偏下影线的一头,还是偏上影线的一头,都可以感知出多空的力度变化。

4. 十字星也分阴阳和强弱。阴十字星和阳十字星在真实行情中起到了起承转合的作用。很多K线组合都以十字星作为参考。

5. 注意一个原则,运动中的K线,是不能作为测算标准的。必须以已经走出来的、固定的最近周期的历史K线作为参考。

四、K线组合

了解完单根K线后,就进入多根K线的组合信号的归纳了。

我们先说一下传统分析中对K线组合梳理的弊端:

1. K线组合的分析,只能以2~3根K线组合为基准。过多的K线形成的组合就没有意义了。因为过多的K线代表了已经走出来的行情,看到即是错过。

2. 行情趋势的走向,是由单根K线和K线组合体现出当时周期下的力度变化,从而进一步形成震荡(多种中继形态)或者单边突破。在没有结合多种嵌套图形的中继形态分析,以及画线、测量的基础上,仅仅依据K线组合来分辨后市的涨跌,是失之偏颇的,时效性也是模糊的。

基于以上两点,我们在讲解K线组合的环节时,只对K线组合出现后对前期趋势力度的影响进行分析和归纳。

在后续章节会结合中继结构、图形分析,逐步展开对后市涨跌方向的完整判断。

K线组合,主要是典型的纯阳纯阴K线、锤子类、十字星组成的标志性组合信号。

从对前期趋势力度的影响上,大致可以分为三类。

力度增强:阴包阳、阳包阴。

力度衰弱：三连阳、三连阴、吞前组合（左小右大）、吞后组合（左大右小）。

力度转折：双十字星组合、双锤子转折、启明十字星组合、黄昏十字星组合。

涨势过程中：

上涨起点，一般会出现启明十字星组合或者是双锤子组合，作为结束前期震荡或下跌，并开启新一轮上涨的信号。

上涨过程中，一般会出现阳包阴组合作为力度增强的信号。

上涨末期，一般会出现三连阴组合、吞前组合或吞后组合、双十字星组合、黄昏十字星组合，作为衰弱或见顶的信号。

跌势过程中：

下跌起点，一般会出现启明十字星组合或者是双锤子组合，作为结束前期震荡或上涨，并开启新一轮下跌的信号。

下跌过程中，一般会出现阴包阳组合，作为力度增强的信号。

下跌末期，一般会出现三连阳组合、吞前组合或吞后组合、双十字星组合、启明十字星组合。

震荡过程中：

出现中继形态的宽幅横向震荡，所有以上信号都会出现时效性较短或失效的情况，要注意结合更大周期的趋势来结合分析。

名称	图形	特征	对前期趋势力度的影响	有效位置	变形组合
双十字星组合	┼ ┼	连续相邻的十字K线	转折	上涨或下跌末期	阴阳双星组合或双阳双阴十字星组合

续 表

名 称	图 形	特 征	对前期趋势力度的影响	有效位置	变形组合
双锤子转折		连续相邻的双锤子线	转折	上涨或下跌末期	阴阳双锤组合或双阴双阳组合
启明十字星组合		前阴后阳中间夹着一根十字星	转折	上涨或下跌末期	十字星变化为正阳锤或正阴锤
黄昏十字星组合		前阳后阴中间夹着一根十字星	转折	上涨或下跌末期	十字星变化为倒阴锤或倒阳锤
阴包阳组合		两根阴线包裹一根阳线，右侧阴线开盘价格等于或低于左侧阴线	增强	上涨、下跌中期或震荡中期	无
阳包阴组合		两根阳线包裹一根阴线，右侧阳线开盘价格等于或高于左侧阳线	增强	上涨、下跌中期或震荡中期	无

续　表

名　称	图　形	特　征	对前期趋势力度的影响	有效位置	变形组合
三连阳		连续三根阳线，开盘价格逐次抬高	衰弱	上涨、下跌中期或震荡中期	无
三连阴		连续三根阴线，开盘价格逐次降低	衰弱	上涨、下跌中期或震荡中期	无
吞前组合（吞没）		右侧K线完全覆盖左侧	衰弱	上涨或下跌末期	无
吞后组合（孕线）		左侧K线完全覆盖右侧	衰弱	上涨或下跌末期	无

有了对单根K线和K线组合的完整认识后，相信大家对多空涨跌力度的变化已经熟悉了。

五、中继结构

接下来,从微观的 K 线视角抽离出来,放到由众多 K 线组成的图形结构中,寻找行情的趋势方向。

我们已经知道,黄金市场行情,无非就是单边上涨、单边下跌、震荡三种情况。

通过以上的学习,大家可以相对准确地把握在单边上涨和下跌过程中的信号。

而在单边行情的演变中,一定会有震荡行情作为过渡。

那么,把握好震荡行情的走势结构,找准震荡行情的起止突破点信号,就能让大家在验证 K 线组合信号真伪效果的同时,同步确认更好的操作机会。

震荡中那些典型的图形结构,我们可以把它叫作单边行情前后的中继形态。

一般来说,图形比 K 线组合更具有方向性的指导意义。

分析的目的:

分析中继形态,目的是在结构形成之初和形成过程中逐步确定结构,进而在有规律的结构内寻找操作机会,并尝试在结构走完后寻找突破的方向和操作机会。

所以,我们并不能等到图形结构都走完后,再进行突破图形结构的分析,那样就有点马后炮的意思了。

基于此,我把中继形态的结构,根据每种图形的起点、终点、验证点的数量分为三种,分别是三点结构、四点结构、五点结构。大家在跟随行情波动观察的时候,可以同步开始确认其过程。所有的中继结构形态,都是以 V 字或倒 V 字这种结构演变而来的,也就是变形而来的。我们根据一个 V 字的起点(a)、验证点(b_n)、终点(b),来进行总结

第五章 黄金投资交易的实战讲解

归纳。

下面这 24 个图形代表了所有行情会出现的中继结构形态。

三点结构

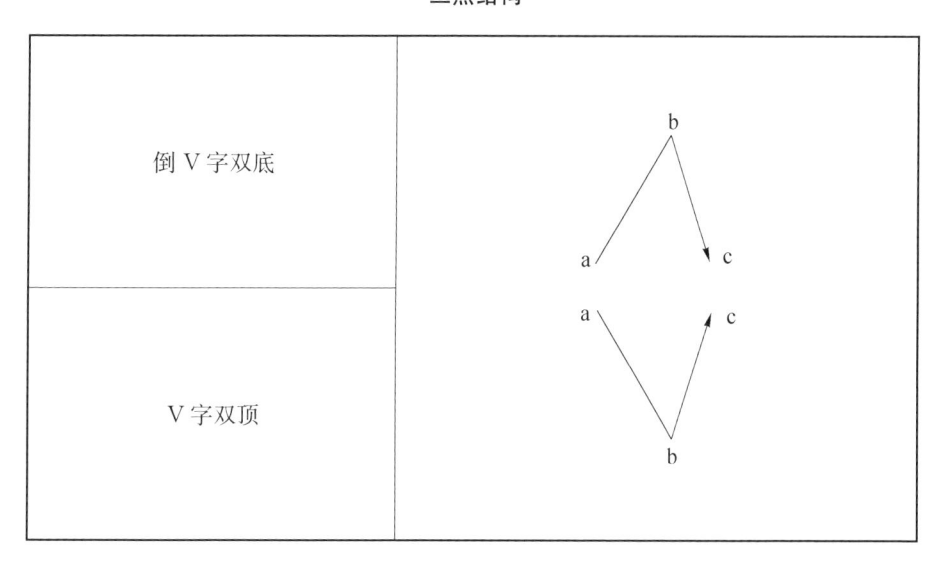

倒 V 字双底	(图：a→b→c，b 为顶点)
V 字双顶	(图：a→b→c，b 为底点)

四点结构

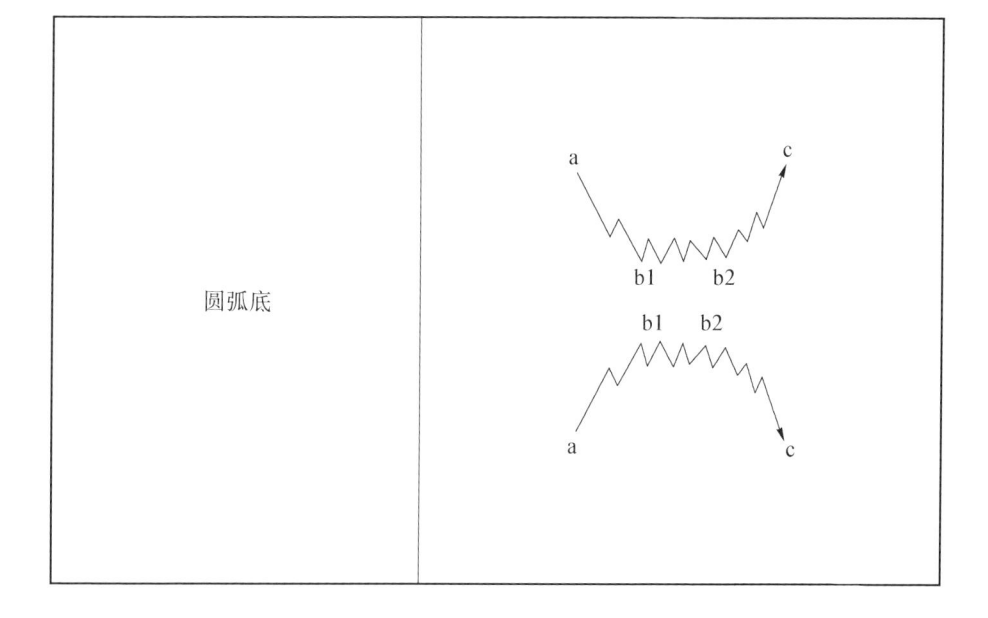

圆弧底	(图：a 下行经 b1、b2 上行至 c；以及 a 上行经 b1、b2 下行至 c)

五点结构

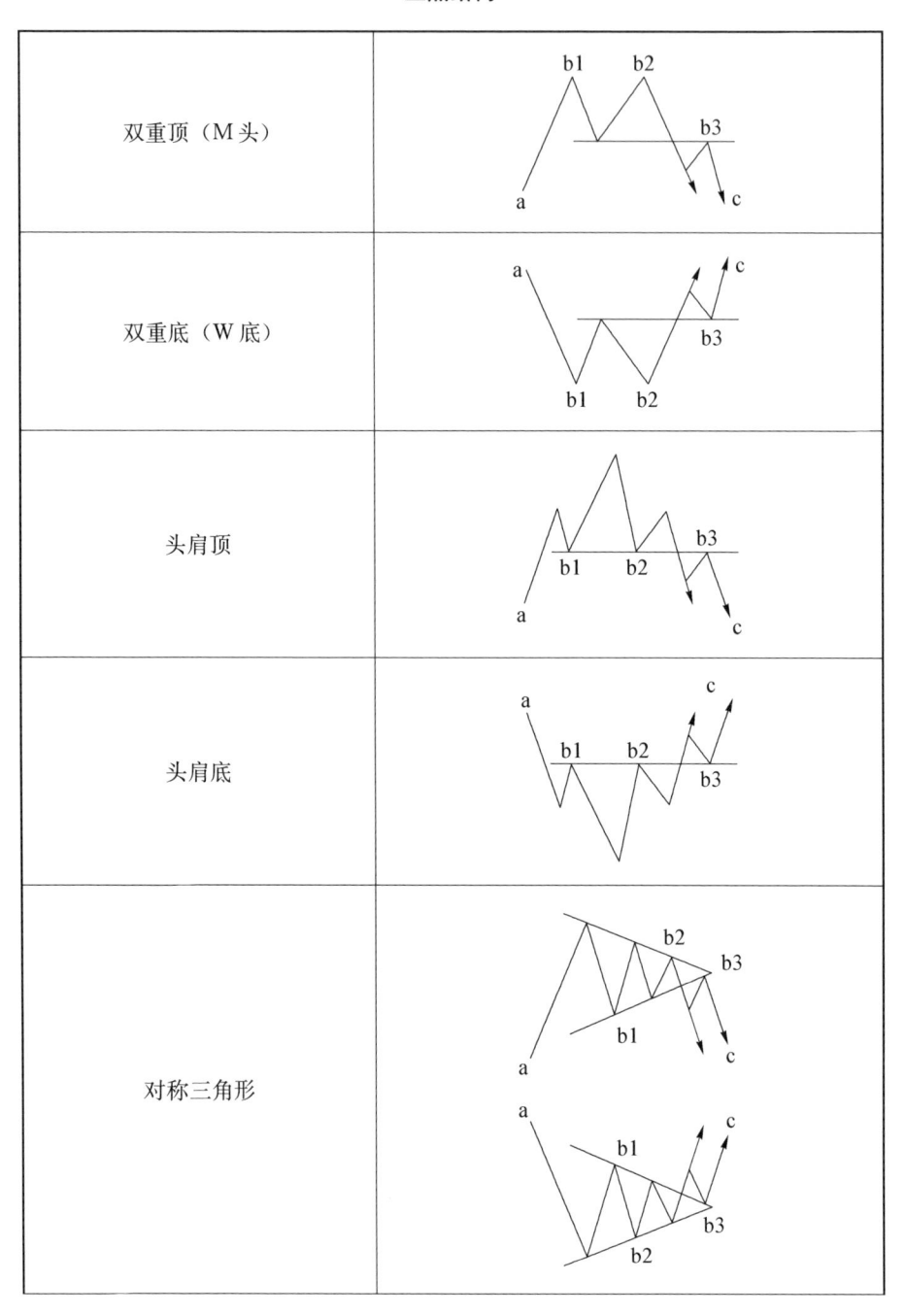

双重顶（M头）	
双重底（W底）	
头肩顶	
头肩底	
对称三角形	

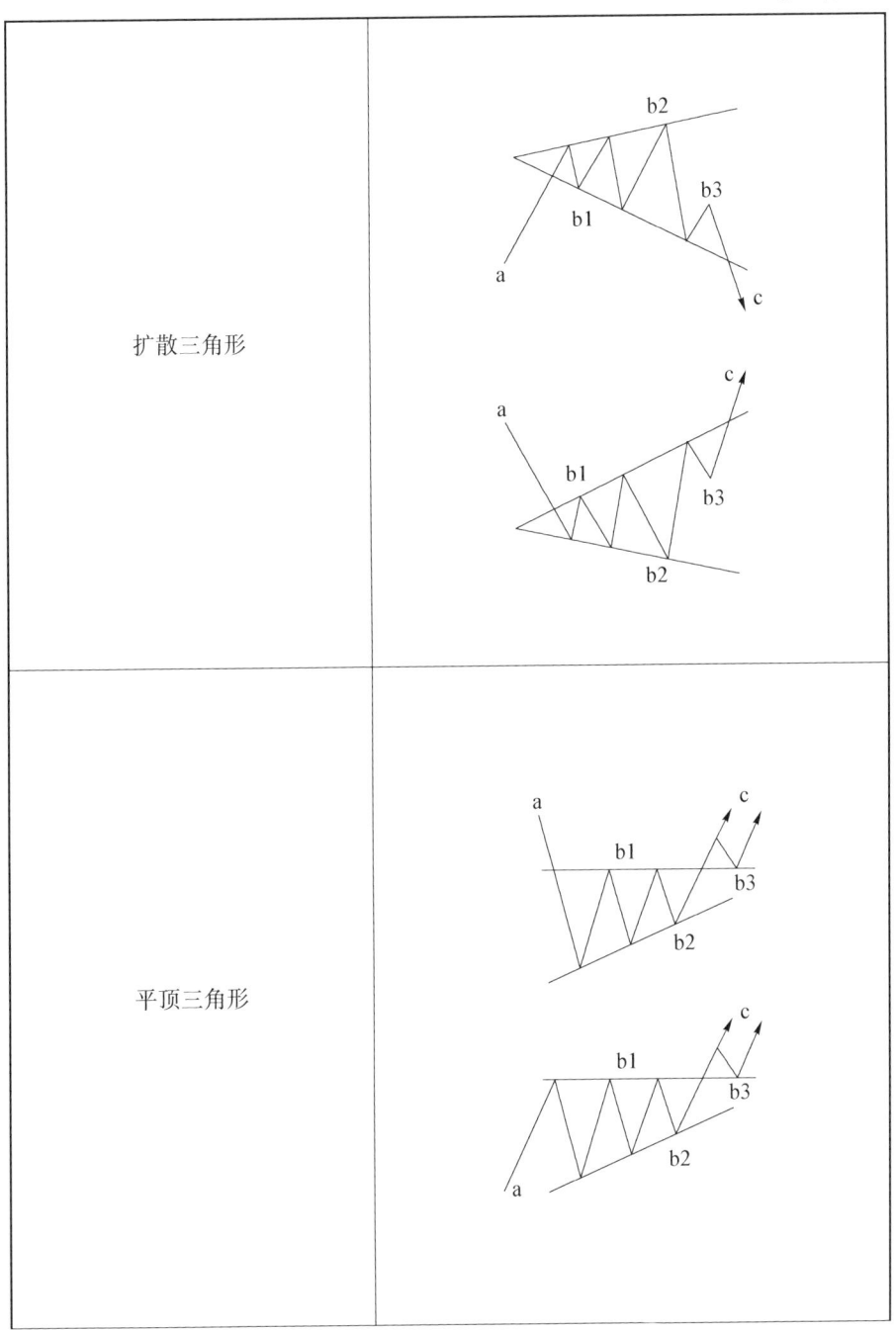

续 表

扩散三角形	
平顶三角形	

平底三角形	
菱　形	

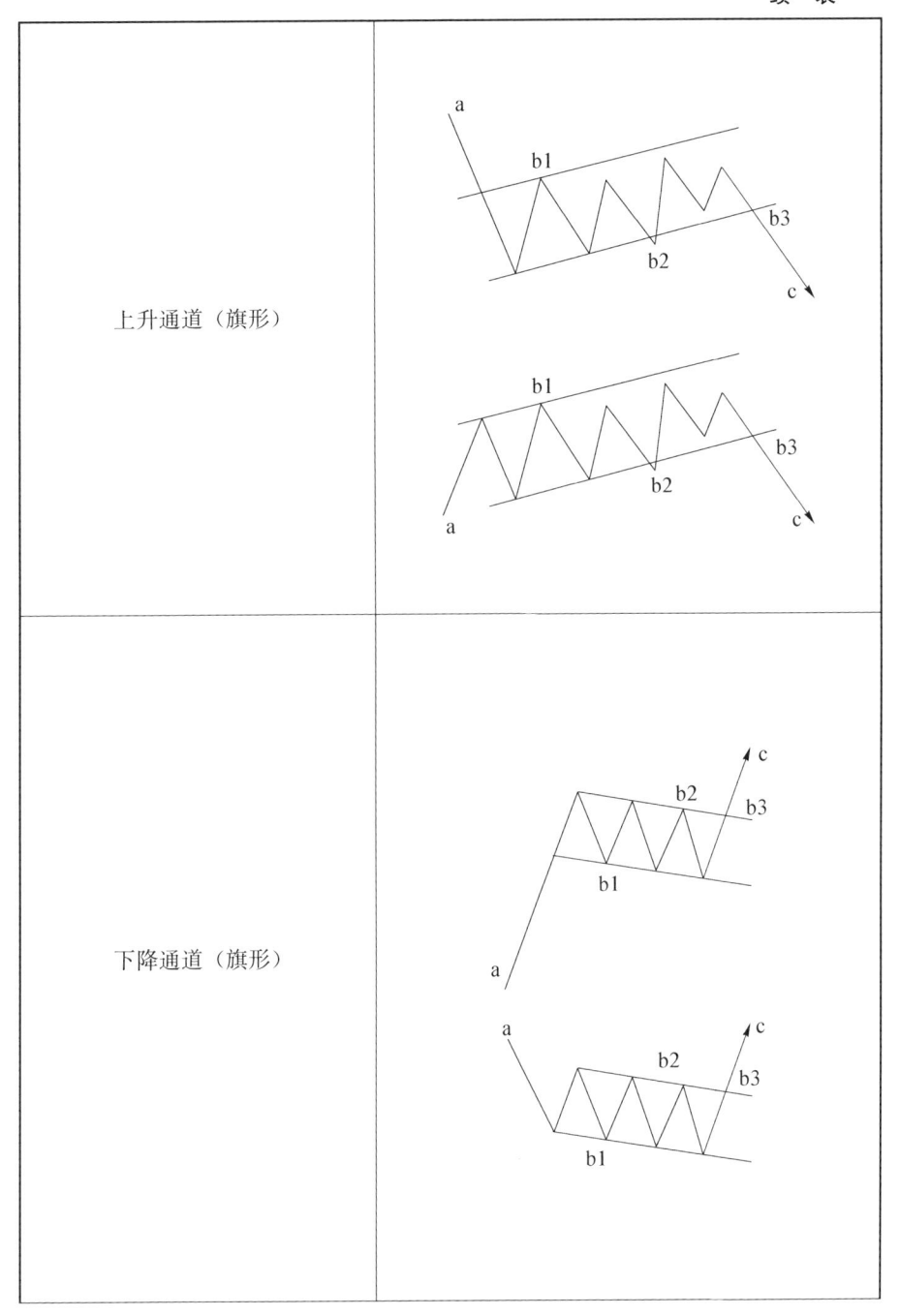

续 表

上升通道（旗形）	
下降通道（旗形）	

续 表

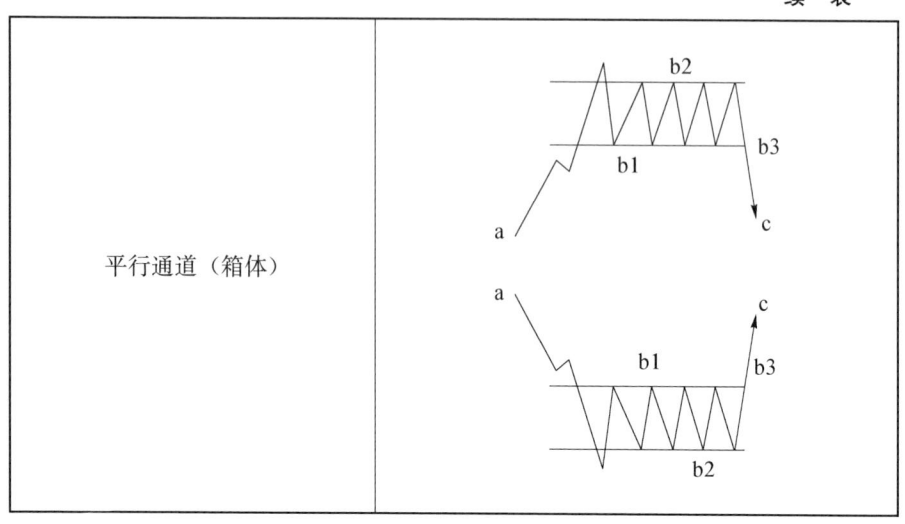

平行通道（箱体）	

（一）中继结构的变形规律

根据这个思路，我们来汇总一下结构的变形规律。

第一，V字结构和倒V字结构分别是跌势和涨势过程中的其他结构的最初始状态，也是所有其他结构的变形基础。

第二，三点结构的V字结构很容易因为行情力度的走弱而变形为四点结构的圆弧底或圆弧顶。

第三，五点结构中，"M"头很容易因为行情力度的突然增加而变形为头肩顶。它的特点是：第二个高点高于左侧第一个高点，且比第三个高点要高。

第四，五点结构中，"W"底很容易因为行情力度的突然增加而变形为头肩底。它的特点是：第二个低点低于左侧第一个低点，且比第三个低点要低。

第五，三角形结构中，扩散三角形结构大概率演变为衔接收窄三角形，继而形成菱形结构。所以，菱形结构也可以看作是"扩散三角形＋

收敛三角形"的组合。

第六，注意各类中继结构，有在同一个周期内互相演变且嵌套的可能性。

（二）中继结构的判断规律和技巧

第一，每一种中继形态中的结构，都有确定的起点（a）、验证点（b_n）、终点（b）。验证点（b_3）是对后市行情的再一次结构验证。确认了验证点到底是转向还是顺破，就大概率决定了结构的后市走向。

第二，每种结构的终点未来价格走向都有两种情况：一种是顺破，即顺势突破；另一种是转向，即掉头反向波动。一般转向需要颈线或趋势线的配合验证，测量出幅度，再考虑转向后的顺破可能性。但不能完全照本宣科地按照图形中的箭头指向来判断。

第三，三点结构走完后，第一次的转向幅度一般在前段长度的一半以内。无论后续行情如何，普遍都会有相应的阻力或支撑来阻挡转向幅度的进一步蔓延。

第四，头肩顶和头肩底结构的顺破分为彻底顺破和颈线验证点转折后的顺破。颈线位置应该以前面结构的低点或高点作为分界。也就是说，五点结构的顺破幅度有限，在二次颈线验证点确认后，才能迎来更大的顺破幅度。

第五，三角形、菱形、通道，这三类结构的顺破一般比较顺利。顺破的幅度也是极大的，一般需要在更大周期上测量出来。而该结构的转向，有可能会出现"假突破"的嫌疑，需要配合K线组合信号以及更大周期的结构趋势来分辨。

第六，在观察盘面上的各类中继结构的形态时，可以暂时切换到折线图，方便更快速地确定结构。

第七，我们可以发现1小时到4小时周期中，一旦形成某种中继结构，且出现了转向或顺破，就代表当天走出了一次日内的"主方向单边行情"。

到此，我们把观察的工具中有关 K 线的黄金实战知识已经基本讲解完毕了。

大家可以发现，黄金市场中的多空博弈力度变化，不仅体现在单根 K 线这个维度，而且体现在 K 线组合信号，以及由所有 K 线组成的中继结构的维度上。

那么，黄金市场中，多空博弈体现力度，力度构成方向，持续的方向就构成了趋势。

我们也可以通过弹性理论中的嵌套原则来诠释：一根日级别的 K 线，仅代表一天的多空力度强弱，一天之内的 K 线组合仅代表当天的多空方向，多根日级别 K 线的形态结构才构成了周级别趋势。而由 5 天组成的一根周级别 K 线，又代表了当周的多空力度强弱，一周之内的 K 线组合仅代表当周的多空方向，多根周级别 K 线的形态结构又构成了月级别趋势。

可以说，在弹性理论的基础上，各个周期的多空博弈力度、方向、趋势，都是相互关联、相互嵌套的，只有以不断从宏观到微观、从整体到局部的系统视角和思维来看待行情，才能做出客观的判断。

六、经典指标讲解

在黄金市场中，有没有更简单直观的能体现多空变化的观察工具呢？答案就是指标。

目前黄金交易市场中的指标种类繁多，从信号分类上可以大致分为 5 类。分别是趋势类指标、震荡类指标、压力结构指标、量价能量指标、其他类指标。

在选择和使用指标之前，我们先要明确几个非常重要的理念：

(1) 大多数指标都是源自对历史价格、历史持仓量、历史交易量的数据统计和规律总结。历史不会重复，但会重演。历史总结并不代表规律一成不变。虽然指标的变化都是随最新的行情波动而产生，但并不会先于行情产生绝对正确的信号，所以就有所谓的滞后性，看到即错过。那么，指标也有失效和失真的情况。

(2) 很多指标都是基于K线和均线系统之上研发而来。如果说均线和K线可以反映出80%的市场真实意图，那么这些指标能反映出的真实的、正确的反馈概率一定是低于80%的。所以，不可盲目只轻信指标的信号。

(3) 运用指标在精不在多。不同功能的指标要配合不同的时间周期，只有配套不同的参数调整，才能发挥应有的效用。

所以，指标信号是作为辅助验证交易思路和提示行情变化的工具，并不能作为直接进场和出场的决策信号。

我们选取几个比较常用的指标，给大家讲解一下。

1. 趋势研判的鼻祖——均线指标（SMA）

移动平均线（Simple Moving Average，SMA或MA）是以道·琼斯的"平均成本概念"为理论基础，采用统计学中"移动平均"的原理，将一段时期内的价格平均值连成曲线，用来显示价格的历史波动情况，进而反映价格指数未来发展趋势的技术分析方法。它是道氏理论的形象化表述。

该指标的形式化定义：

$$SMA(N) = \frac{1}{N} \sum_{i=1}^{N} close(i)$$

- N 为设置的周期参数；
- i 表示当前K线的前 i 根K线；
- $close(i)$ 代表收盘价格。

移动平均线将历史的价格求平均值后（以价格等权重的方式进行相加）在每根实时 K 线执行前都会得到一个价格，以此来指导后续的交易行为。把这些平均价格以曲线连接，得到一根相对平滑的价格曲线。该曲线可以反映出一定的周期内价格的大体走势，也可以以此来判断一些当前所处的趋势。这是一种最基本的分析方法，也是应用最广泛的指标，很多指标也以此为基础。

它的基本特点是：追踪趋势且稳定，有助于反映涨跌方向，但有滞后性。

由此衍生出来的均线系列指标有以下几个：EMA、WMA、DEMA、MACD、XMA、EXPMA、TMA，我们筛选几个比较有代表性的说一说。

① 指数移动平均线（Exponential Moving Average，EMA）

定义 EMA(N)，表示求取价格的 N 日指数平滑移动平均线。该指标的形式化定义为：

$$EMA(N) = \alpha \, close(N) + (1-\alpha) \, EMA(N-1)$$

● $close(N)$ 代表第 N 个周期的收盘价格；

● α 为权重值，它的值可以为 $2N+1$ 或者 $11+decay$，$decay$ 为衰减因子。

EMA 使用的权重不同于 MA 的平等权重，因此更多地关注最近的价格数据。所以，EMA 趋于比 MA 更接近最新价格，因此在价格急剧变动时反应更快。正因为如此，EMA 也很容易出现突发情况或短周期价格调整所产生的假信号。

如果说 EMA 对价格反应是很快的，那么还有更快的 DEMA。

② 双重指数移动平均线（Double Exponential Moving Average，DEMA）

DEMA 作为一类反应快速的移动平均线，对价格短期方向的指导作用更大，因此很多短线交易者或日内交易者会考虑使用 DEMA。

DEMA 的形式化定义为：

$$DEMA(N) = 2 \times EMA(N) - EMA[EMA(N)，N]$$

后一项是对前一项继续求其指数移动均值。

由于指数加权的原因使得指数的均值较简单均值具有更快的反应速度，越远的权重降低得越快，而又减去了自身在这段周期中的波动，使得该指标具有对价格较大的敏感性，在短期交易中更好地识别出价格的趋势。DEMA 在短期的暴涨暴跌趋势来临时，可以快速地反映出指标信号，也适合用来做离场的信号。

均线指标的作用主要是在主图上配合 K 线形态对趋势进行分析，而在副图上有一款同样功能的指标，它就是 MACD 指标。

③ 异同移动平均线（Moving Average Convergence and Divergence，MACD）。

它是从双指数移动平均线发展而来的，由快速移动平均线（即 EMA1）和慢速移动平均线（即 EMA2），以及显示涨跌多空动能的红绿柱组成。

不过与均线一样，它也有在中长期趋势中信号反应滞后，在震荡中信号反应模糊的问题。所以，只能作为趋势转折的辅助参考。

2. 震荡弹性的显示器——RSI 指标

RSI 英文全名为"Relative Strenth Index"，中文名称为"相当强弱指标"。RSI 为韦尔斯·怀尔德（Welles Wilder）于 1978 年在《技术交易系统新思路》（*New Concepts in Technical Trading Systems*）中所提出的交易方法之一，RSI 的基本原理是多空买卖双方的力度必须取得均衡，价格才能稳定。而 RSI 是对于固定期间内，价格上涨总幅度平均值占总幅度平均值的比例。

计算公式为：

$$N 日 RSI = A/(A+B) \times 100$$

$$A = N 日内收盘涨幅之和$$

$$B = N 日内收盘跌幅之和（取正值）$$

由上面算式可知 RSI 指标的技术含义，即以向上的力量与向下的力量进行比较，若向上的力量较大，则计算出来的指标上升；若向下的力量较大，则指标下降，由此测算出市场走势的强弱。

但是，RSI 也并非万能。首先，RSI 最适合的周期是 4 小时和日线。不同的时间周期和参数都会给出不同的结果。其次，超卖和超买的信号容易出现钝化，并且在 50 轴附近，同样会出现信号延迟的问题。

与 RSI 有同样作用的是 CCI 指标。它被称为无限制不易钝化的单边转折显示器。

CCI 指标是美国股市技术分析家唐纳德·蓝伯特（Donald Lambert）于 20 世纪 80 年代专门针对外汇或者贵金属交易研究出的指标。主要看价格波动是否已超出常态分布范围。虽然 CCI 指标的计算公式考虑到了最高价、最低价、收盘价三个因素（RSI 指标只有收盘价的变化因素），但该指标在震荡中的敏锐度不高，只能在参考值 ± 100 之外才能给出具体信号。

如果要弥补这一缺陷，可以配合参考主图上的 SAR 抛物线停损转向指标来进行综合分析判断。

3. 压力结构指标的网红款——布林带指标（BOLL 指标）

布林带（Bollinger Bands）也叫布林通道，是美国股市分析家约翰·布林根据统计学中的标准差原理设计出来的一种非常简单实用的技术分析指标。

它是通过求出价格的标准差及其信赖区间，从而确定价格的波动范围及未来走势，利用波带显示价格的安全高低价位，从而确定买入、卖出的信号。

布林带由三条轨道线组成，分别是上轨、中轨、下轨。

上轨和下轨分别标识出当前周期波动的大致范围；中轨有弹性价格吸引的作用，也代表了波动的方向。

所以，通过这个分析工具我们能看出市场是低迷的还是剧烈的。当市场处于低迷时布林带会收缩；市场处于激烈状态的时候布林带会扩张。所以，在布林带中，价格围绕中轨波动的规律，也可以配合弹性规律四来辅助测算波动范围。

4. 量能分析的小精灵——VR 指标

VR（Volatility Volume Ratio）也叫成交量变异率。它是以成交量的角度测量价格的热度，表现出价格的买卖气势，以利于投资者掌握价格的趋势走向。该指标基于"反市场操作"的原理为出发点。

由于黄金的市场报价是由众多黄金交易构成，黄金的价格又会受到随时的大单交易额的影响，那么 VR 指标可以灵敏地探测到成交量的变化，从而给我们指示出交易过程中随时的量能变化风险。由于 VR 指标的参考区间值与 RSI 比较相近，所以非常适合匹配 RSI 来一起参考。

以上，我们了解了包括 K 线、各类主图指标（SMA 均线、布林带）、副图指标（VR 和 RSI）在内的观察的工具。

总之，指标系统在精不在多。在实际运用中，并不需要全部观测，而是主、副图同时配套 1~2 个使用即可。

七、画线与测量工具讲解

再来讲解有关测量的工具。

首先，还是要回顾一下关于中继形态的章节。我们已经学习了如何观察各种形状的中继形态，那么，我们就需要在形态发展之初，使用有效的测量工具对趋势的转向和顺破进行测量，以获得相对精确的关键阻力和支撑，以帮助我们更好地定位操作机会。

有关测量的工具，我还是挑选几个比较常用的来讲解。

1. 趋势线与颈线

趋势线的使用方法：

第一种，基于K线图，逐次连接各周期图上的高点或低点，以此来形成下降趋势线或上升趋势线。

第二种，基于折线图，逐次连接各周期图上的转折位置（开盘和闭盘价格），以此来形成下降趋势线或上升趋势线。

第二种方法，可以屏蔽掉诱多诱空的信号，但在操作中，也会使得配合其他工具时出现交易信号的毛刺。所以，如果不是熟练掌握的话，不建议使用。我们常用的是第一种方式。

注意：

① 两点连一线，第三点一般作为顺破点看待。这正像曹刿论战中所讲的那样，一鼓作气，再而衰，三而竭。

② 如果三点或三点以上连一线，就要考虑配合其他测算工具来确定是转向还是顺破了。

用趋势线画出颈线的规则：

第一，首先确定前期两次低点或高点。

第二，在确定两次低点或高点之后出现的一次顺破点。（注意：顺破点必须为一到两根线完成的，不能是多根K线密集的交易区。）

第三，以此连接到当前最近的行情。

第四，如果顺破点后，没有任何K线触及该颈线，则颈线成立；如果在顺破点后，有K线触及该颈线，则颈线失效。

判断方法：

顺破点后的K线，大概率会以弹性规律回缩到颈线上做一次有效的转向动作，这就是我们寻找出来的交易机会点。

2. 通道线

通道线用来连接前期的高点和低点，使用时要注意三点：

第一，上升或下降坡度大于45度的通道，失效非常快，没有画线的意义。

第二，通道上沿和下沿的高点和低点，触及点越多，越能证明该通道的结构力度强劲，后市突破的力度也会更加强劲。

第三，在确定通道前，尽力确认前期行情有过一次有效的单边上涨或下跌行情，以此作为行情由急速到走缓的佐证。因为通道意味着在该周期内的多空反复争夺过程，也是中继形态中维持时间周期较长的一种。

3. 多边图形工具

多边图形的画线一般针对三角形系列结构和菱形结构中继形态的确认。

注意三点：

第一，在三角形画线确定边缘的过程中，首先要确定三角形有一个边是有效的，符合趋势线的。

第二，进入三角形结构这一端，应该是有效的K线顺破形态。

第三，在菱形画线确定边缘的过程中，菱形的高点和低点应该从时间上相距非常近。

4. 斐波那契系列工具

斐波那契数列（Fibonacci Sequence），又称黄金分割数列。因数学家列昂纳多·斐波那契（Leonardoda Fibonacci）以兔子繁殖为例子而引入，故又称为"兔子数列"。

斐波那契数列指的是这样一个数列：1、1、2、3、5、8、13、21……这个数列从第三项开始，每一项都等于前两项之和。随着数列项数的增加，前一项与后一项之比越来越逼近黄金分割的数值 0.6180339887……

而黄金分割数值 0.618 的倒数是 1.618。

譬如，144/89＝1.618，233/144＝1.618……

有人研究过向日葵，发现向日葵花有 89 个花瓣，55 个朝向一方，34 个朝向另一方。我们食用的蔬菜如青菜、卷心菜、芹菜等的叶子排列也具有这个特性。大自然中，包括贝壳的螺旋纹路也是如此的规律。尽管这些顺逆螺旋的数目并不固定，但它们也并不随机，这样的螺旋被称为斐波那契螺旋。如此神奇的有着大自然规律的由 0.618 和 1.618 构成的数字，就是黄金分割。

(1) 测算转向点（阻力或支撑）的利器——斐波那契回调

斐波那契回调是由起点 0、弱转向点 23.6、强转向点 38.2、最强转向点 50.0、诱多顺破点 61.8、终点 100.0 主要构成的回调线。

备注：

当最强转向点 50.0 变为顺破，则大概率在 100.0 位置暂时转向后顺破，开启下一轮转向点 161.8。

而当转向点 161.8 变为顺破，则下一轮 261.8 和 423.6 则又大概率变为转向点。

一般我们用到最多的是 0～100.0 这一部分，因为它是反馈周期转向最为灵敏的。

使用方法：

① 逐次周期确定最近的波段顶底，拉出斐波那契回调线。

② 测算跌后反弹的阻力，数值从 0 至 100.0 降序排列；测算涨后回调的支撑，数值从 0 至 100.0 升序排列。

③ 触发 50.0 位置，成功形成价格转向后，则该回调线测算生效；触发 50.0 位置意外形成顺破，则可保留按照备注所示看待。再次触发转

向点后测算生效。

④ 各周期测算的阻力或支撑，都以强弱力度不同的状态分布在各周期的近期波段内，所以需要分周期测算。

⑤ 有时候涨后回调或跌后反弹的测算价格在真实波动中不会给足触发，会在38.2~50.0区间内，需要配合更多工具验证精确点。

当我们已知前期行情的波段顶底后，斐波那契回调线就是最佳的测算工具。

而如果前期行情没有出现明显的波段顶底，而是以中继形态展开的漫长震荡，怎么办呢？

针对这个情况，我们就要使用另一个工具了。

（2）中继结构破位后的测算转向的利器——斐波那契扩展线

首先，我们根据中继形态那一节的讲解所知，所有的形态基础都是V字或倒V字衍生出来的。那么，我们只需要在最近的行情中，找出一个V字或倒V字结构，就可以根据它来确定下一轮中继走出来后的阻力或支撑，也就是转向点了。

斐波那契扩展线是由弱转向点61.8、强转向点100.0、顺破点161.8三段线组成。

使用方法：

① 以V字或倒V字的左侧起点为起测点，以V字或倒V字的高点或低点为确认点，以V字或倒V字的右侧终点为终测点。

② 当价格触及弱转向点61.8位置后，该扩展线依旧可继续有效测量；当价格触及强转向点100.0后转向，则阻力支撑起效，该扩展线完成了本轮的测量；当价格触及强转向点100.0后出现顺破情况，则阻力支撑失效，该扩展线也同步失效，需要在更大周期寻找结构，重新测量。

③ 在单边行情中，既可以使用回调线测算阻力支撑的转向点，又可

以通过切换到小周期寻找单边中震荡中继结构来测算扩展位置的阻力支撑转向点，用以修正回调线带来的各个转向点之间距离过大、空缺阻力支撑的问题。

通过以上两个斐波那契工具，我们基本可以在大部分单边和中继震荡结构的行情中，找到相关的精确阻力和支撑，用来规划我们的交易策略了。

但如果行情是长时间不走出单边，而是处于宽幅的震荡呢？也就是说，行情一直处于中继形态中，箱体或通道结构长时间徘徊，虽然阻力支撑找得到，但扩展线工具用不上，回调也很快失效，那么如何寻找合适的交易机会呢？

这时候，我们就要结合弹性理论，以及震荡箱体的边缘，配合斐波那契弧线（扇形线）来确定震荡结构中的中轴分界点了。

这个中轴分界点，我们也可以形象地比喻为一根价格的皮筋。既然价格在结构内波动，那么一定会有一个价格是反复被触及，又反复波动远离、波动回归的点。这个点可以作为当前结构中多空的中轴分界点，也是我们需要规避的风险"远离点"。

在区间波动内操作，只要远离这个中轴分界点，进行有价值的高空低多操作，就可以游刃有余地进行反复的多空切换。

（3）震荡箱体或通道的多空分界探测器——斐波那契弧线（扇形线）

斐波那契弧线是由强转向点50.0和弱顺破点38.2以及弱转向点61.8构成。

使用方法：

① 震荡箱体的上沿和下沿分别对应弧线的起止测算点。上行通道的测算，需要使数值呈降序排列；下行通道的测算，需要使数值呈升序排列。

② 上行或下行通道内的中轴分界点，会随着波动而移动，所以需要

不断地通过修正最近的通道内上下沿（相对高低点），来修正测量中轴位置。

而通过中轴位置的移动，也可以感知出多空力度的整体强弱变化，为下一轮的中继形态突破，形成单边，提前做交易机会的准备。

当我们已经在通道或箱体内完成了多次多空操作后，面临的问题就是突破。当通道线被打破而失效，并没有形成持久的单边，又进入新一轮震荡时，我们应该如何应对呢？

这时候，斐波那契通道线就开始发挥作用了。

（4）阶梯震荡空间的望远镜——斐波那契通道线

很多时候，在金价上涨过程中或下跌过程中，是由一次次台阶式的震荡缓慢爬升或下坡的。而使用通道线，只能规划出一次震荡箱体或通道结构，如果是多个震荡箱体或通道结构逐步展开的行情，就需要斐波那契通道线来整体规划了。

斐波那契通道线是由两根通道主线以及延展出来的弱顺破点61.8、强转向点100.0、弱顺破点161.8、更强转向点261.8构成的。

使用方法：

① 先确认当前的震荡主方向，也就是更大周期的方向是涨还是跌。

② 再确认当前的震荡通道结构，用通道主线画出来，并且把延展线朝向震荡的主方向展开即可。

③ 当价格向震荡的主方向突破通道结构后，触发斐波那契通道的第一轮测算，以强转向点100.0作为分界，看待触及后的转向。当经历过100.0的转向后，再次折返顺势向主方向再次顺破100.0的时候，触发斐波那契通道的第二轮测算，以更强转向点261.8作为分界，待触及后的转向完成后，该斐波那契通道线则失效。

④ 当价格向震荡的反方向突破通道结构后，该斐波那契通道线立刻失效。

总之，斐波那契通道线可以让我们在单边行情中抓住每一次的震荡高低点和突破点，像用望远镜一样眺望行情未来的震荡远景。

通过以上的工具讲解，我们可以在所有类型的行情中，找到各自合适的工具来进行测算，从而解决价格"会到哪里"的问题。但还没有解决"何时会到"的问题。

那么，这时候我们就要用到斐波那契时间线了。

(5) 弹性拐点的时光机——斐波那契时间线

我们在真实的黄金交易过程中，除了关心价格之外，就是关心时间。因为任何人或机构，在容量无限、时间无穷的黄金交易市场面前，都可以说是或大或小的资金有限、时间有限的个体。我们不能容许有限的资金去承受无限的等待。

那么，通过有效的时间规律测算，找出每一波行情的转向折返时间点，是非常必要的。

斐波那契时间线是由0、1、2、3、5、8、13、21、34组成的。

使用方法：

① 首先确认最近单边上涨或下跌波段的顶和底，用斐波那契时间线连接。

② 观察每一根竖线对应分割的时间区域。1～2是震荡阶段，2～3是下一轮单边阶段，3～5、5～8，以此类推，重复震荡和单边的循环。

③ 观察每一根竖线对应的分割时间点，一般两个相邻阶段的变盘时间点大概率都会和竖线重合或相近。

讲到这里，我们已经把技术面的所有观察工具和测算工具都讲完了。

下一节，讲解基本面。

第二节 基 本 面

财经数据和各类消息是影响黄金价格的重要因素。黄金市场的价格，可以说是被每时每刻的数据、消息不断推动前行的。但我们需要把各类财经数据和消息做分类，抽丝剥茧地去分清它们对价格的影响逻辑、影响力度、影响时效，只有这样，才能从纷繁复杂的基本面中找出规律，从而避免被各类数据、消息所干扰，导致错误的、情绪化的决策。

我们把基本面的重要财经数据和各类消息统一归纳成八类。

名　称	细分种类	影响逻辑	影响力度	时效及影响	备　注
利率	美国利率决议，中国央行利率决议，欧洲央行利率决议	通过调整货币总量和流速来影响资产价格	★★★★★ ★★★	长期、持续性	美联储议息会议，即"FOMC会议"，每年召开八次，两次会议间隔大约六周左右。中国和欧洲是不定期召开
CBS央行售金购金			★★★★★ ★★	中期、持续性	不定期
黄金基金ETF持仓数据			★★★★★ ★★	中期、持续性	周二到周六定期公布

续 表

名　称	细分种类	影响逻辑	影响力度	时效及影响	备 注
CFTC期货持仓数据	美国COMEX黄金持仓量报告		★★★★★★	中短期、持续性	每日或每周公布
经济荣枯类	美国GDP、CPI、PCE、PPI、初请失业金人数、非农就业数据（NFP）、零售销售数据		★★★★★	中短期、暂时性	定期每周公布
重要人物讲话	美联储褐皮书、欧盟讲话、中国讲话		★★★★	短期、暂时性	不定期
重要节假日	中国国庆节和春节、印度排灯节、圣诞节等		★★	固定周期、暂时性	定期
地缘冲突及金融风险事件			★★★	短期、暂时性	不定期

一、利率

利率调整是最为重要的数据，也是影响持续时间最久的数据，因为目前各国发行的都是主权信用货币，货币政策一旦发生变化，就会波及所有市场的价格变化。

对黄金的影响是"趋势方向性"的影响。

目前在全球金融市场中，由于美元仍是覆盖全球贸易结算的货币，所以，绝大多数地区和国家的资产都受到了美元的影响。尤其黄金，从金本位结束后，美元也是继英镑后第二个与之挂钩的全球性货币。那么，美国的利率政策就是影响全球资产价格，尤其是黄金的重要因素。

黄金价格和利率的关系之所以如此密切,是因为利率的高低会影响"非生息资产"黄金的持有成本和持有价值,从而变相地降低了对黄金的持有意愿。

我们先来详细梳理关于美国的利率。

美联储的利率构成是非常复杂的。它包含了:

1. 联邦基金利率（Federal Fund Rate，FFR）

2. 联邦基金有效利率（Effective Federal Fund Rate，EFFR）

3. 法定准备金利率（Interest on Required Reserves rate，IORR rate）

4. 超额准备金利率（Interest on Excess Reserves rate，IOER rate）

5. 准备金利率（Interest on Reserve Balances rate，IORB rate）

6. 隔夜逆回购利率（OverNight Reverse RePurchase Agreements Award rate，ON RRP rate）

7. 美元、伦敦同业拆借利率（London Inter-Bank Offered Rate of USD，USD LIBOR）

8. 有担保隔夜融资利率（Secured Overnight Financing Rate，SOFR）

9. 远期协议利率（Forward Rate Agreements rate，FRA rate）

10. 隔夜指数交换利率（Overnight Index Swap rate，OIS rate）

11. 隔夜银行无抵押融资利率（Overnight Bank Financial Rate，OBFR）

12. 三方一般抵押品利率（Triangle General Collateral Rate，TGCR）

13. 广义一般担保利率（Broad General Collateral Rate，BGCR）

14. 商业票据融资便利利率（Commercial Paper Funding Facility rate，CPFF rate）

15. 一级交易商信贷便利利率（Primary Dealer Credit Facility rate，PDCF rate）

16. 货币市场基金流动性便利利率（Money Market Mutual Fund Liquidity Facility rate，MMMLF rate）

17. 货币市场投资者融资便利利率（Money Market Investor Funding Facility rate，MMIFF rate）

18. 贴现窗口贴现率（Discount Window and Discount Rate，DWDR）

19. 长期证券借贷便利利率（Term Securities Lending Facility rate，TSLF rate）

20. 长期拍卖便利利率（Term Auction Facility rate，TAF rate）

21. 长期存款便利利率（Term Deposit Facility rate，TDF rate）

22. 中央银行流动性互换利率（Central Bank Swap Arrangements Rate，swap lines）

23. 国债收益率（Treasury Securities Yield，TSY）

以上各类利率大家有兴趣的话，可以自己搜索学习，我们重点说一下常见的，以及和黄金市场有关系的几个利率：

联邦基金利率（FFR）

它就是财经媒体和黄金投资者们经常提到的，关于美联储加息或降息的基准利率。每年，美联储有8次利率决议会议，每次相隔约6周。

它是由美联储体系与体系内所有商业银行和24家一级交易商相互拆借资金而形成的利率，是整个美元货币体系的核心内环，也是一切美元利率形成的基础。

可以说，它对全球所有已标的价格的流通性资产都有着潜移默化的影响。这里面就包括黄金。它通过与通胀水平的计算，进而影响着黄金的持有成本。

准备金利率（IORB rate）

由于美国次贷危机的爆发，自从2021年7月29日起，超额准备金利率（IOER）和法定准备金利率（IORR）均被准备金利率（IORB）取代。直到现在IORB就是联邦基金利率（FFR）波动的上限。

它决定了美国本土市场信贷的宽松或紧张，进一步影响一系列经济类数据。

从黄金市场的角度上讲，观察 IORB 可以看出未来一段时间美国经济的荣枯趋势，进而影响黄金的利好、利空波动。

贴现窗口贴现率（DWDR）

它是当金融机构遇到困难，没办法在市场中拆借到资金的时候，向中央银行"求助"的方式。

一般贴现窗口的贴现率往往要高于当前的市场利率，被称为救赎性的"最后的贷款"。

那么，一旦贴现窗口出现大额的利率变化和贴现数据被爆出，就意味着有一家或多家金融机构的信用出现了问题。

当年次贷危机的时候，贝尔斯登、雷曼兄弟、美林证券、高盛、摩根士丹利都通过贴现窗口拿到过资金，但最终还是引爆了雷曼兄弟这颗雷。

近两年，硅谷银行的倒闭，也与贴现窗口有关。当时硅谷银行抵押给贴现窗口的抵押品有限，无法快速移动证券抵押品，也导致硅谷银行的流动性紧缺而破产。

目前，贴现窗口已经变成了美联储一个危机期间救助金融机构的操作工具。

从黄金市场的角度看，一旦爆出贴现窗口的新闻，那么势必要关注某些金融系统的"黑天鹅"事件所引发的避险情绪了。

国债收益率（TSY）

它也被称为"市场无风险利率"。因为有美国的国家信用背书，更有美联储的印钞能力担保，不必担心其利息和本金的支付，所以几乎是没有什么风险的。

它的周期从 4 周到 30 年不等。其中 10 年期以上的国债被称为 Bonds，它是整个美元资本市场价值的基准，也是全世界有息类资产

（比如股票、其他债券、资产租金等）价值的基准。

对于非生息类资产（比如黄金、能源、粮食等）的影响也是颇为深远的。如果说联邦基金利率（FFR）影响的是黄金的持有成本，那么10年期国债收益率影响的就是10年期黄金回报率下的持有价值。

通过以上的分析，大家不仅了解到四种和黄金市场最为相关的美元利率，也引出了"黄金回报率"这个概念。

黄金回报率（ROI）＝持有黄金周期内的收益/投资总额×100％

在世界黄金协会的官网上，展示了从1971年至今的黄金回报率，还有关于10年期黄金回报率、20年期黄金回报率，以及自定义周期黄金回报率的数据展示。

那么，我们只要掌握了美元利率的关键数据以及黄金回报率的数据，就可以通过对比发现，在利率升高和降低的动态过程中关键的"持有价值结点"，以这个结点来分析美国利率政策变化对黄金趋势的最为有效的影响，而不是单纯地、非黑即白地认为，加息降息利多利空黄金了。

1. 黄金与美国10年期国债收益率

从美国10年期国债收益率的角度来解析黄金趋势和利率的真实反映——涨跌影响

美国TIPS 10年期国债收益率普遍被认为是美国实际利率的表现。

当美国TIPS 10年期国债收益率下降的时候，持有黄金的成本也下降，黄金的价格就有可能被推升。

而当美国TIPS 10年期国债收益率上升到一个临界点的时候，持有黄金不划算了，就会导致黄金被抛售，金价从而下跌。总之，它们是反向的关系。

我们统计了从1970年以来的黄金平均涨幅波动率作为上涨收益率

的标准，这个数值是 4.66%；又根据世界黄金协会的数据，10 年期 LBMA 黄金复合年均收益率为 5.14%。

也就是说，黄金 53 年来的收益率大致在 4.66%～5.14%区间。将美国 TIPS 10 年期国债收益率走势图做一个对比，我们发现：

（1）以 2007 年次贷危机作为分界点，美国 10 年期国债收益率从最高 15.82%跌至黄金 53 年来的收益率 4.66%～5.14%区间。由此开始，黄金也进入了历史上第一次加速上涨的周期。

（2）为何 2006 年 4 月出现了看似异常的、巨幅的 769.84 美元的冲高回落行情？就是因为美国 10 年期国债在 2002 年首次跌破黄金 53 年来的收益率 4.66%～5.14%区间。国债收益率的下降直接导致持有黄金的成本下降，推升了投资者持有黄金的意愿，直接促使金价开启缓涨。而接下来到了 2006 年 3—4 月，美国 10 年期国债又重新回升到黄金 53 年来的收益率 4.66%～5.14%区间以上，导致持有黄金的成本升高，国债收益率的吸引力增加，降低了投资者持有黄金的意愿，直接促使金价的上涨被打断，投资者快速地抛售导致金价急速回落，形成了巨幅的 769.84 美元的冲高回落行情。

（3）目前，由于美元潮汐作用，美国 10 年期国债收益率维持在黄金 53 年来的收益率 4.66%～5.14%区间以下，导致持有黄金的成本持续降低，投资黄金的收益率又受到投资者的青睐，我们才见到了近 16 年来黄金牛市的整体上涨。那么未来，一旦美国 10 年期国债收益率再次回升至黄金 53 年来的收益率 4.66%～5.14%区间以上，就可以作为黄金结束牛市周期转为熊市周期的标志性信号。

（4）在中短期趋势中，美国 10 年期国债收益率的波动与黄金价格的波动也呈现出比美元指数与黄金价格更加真实的、反向的波动关联性（见图 27）。所以，我们可以时刻紧盯它作为判断黄金涨跌趋势的一个辅助参考。

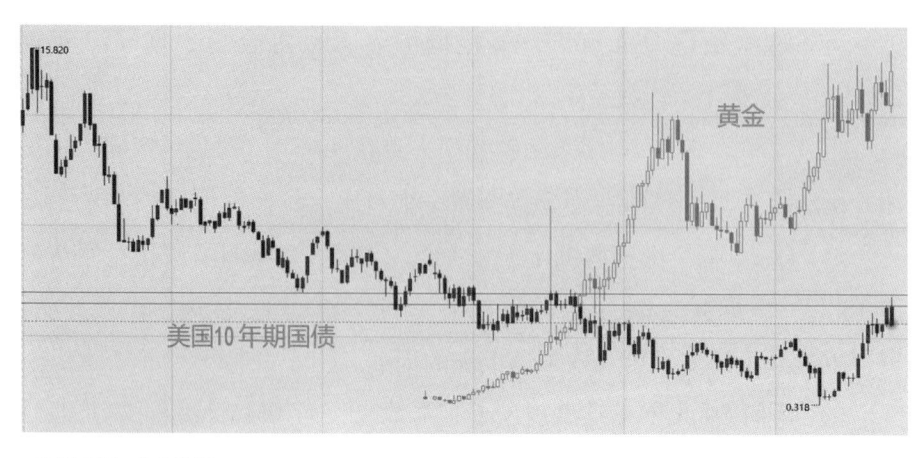

数据来源：金十数据。

图 27　从美国 10 年期国债收益率的角度来解析黄金趋势和利率的真实反映

2. 黄金与联邦基金利率（FFR）

从联邦基金利率（FFR）的角度来解析黄金和利率的真实反映——波动幅度影响。

前面我们提到美国 TIPS 10 年期国债影响着黄金的持有价值，也就是说投资者是偏好美债还是偏好黄金，完全取决于收益率的临界点，因为投资者可以选择持有美债还是黄金。

FFR 作为美元体系的核心，自然决定了持有黄金的成本，也就是周期。黄金投资者到底是长期持有黄金比较划算，还是因为利率的调整缩短持有周期，替换成其他资产合适呢？

我们来看图 28：

当 FFR 在高位的时候，市场中的美元就紧缺，黄金的月度波动率就减少。比如，2006—2007 年，FFR 维持在 5% 左右的高位，黄金的波动率就处于波谷。

当 FFR 在低位的时候，市场中的美元就充盈，黄金的月度波动率就增加。比如，2009—2015 年，美联储量化宽松通过四次 QE 释放巨量

第五章 / 黄金投资交易的实战讲解

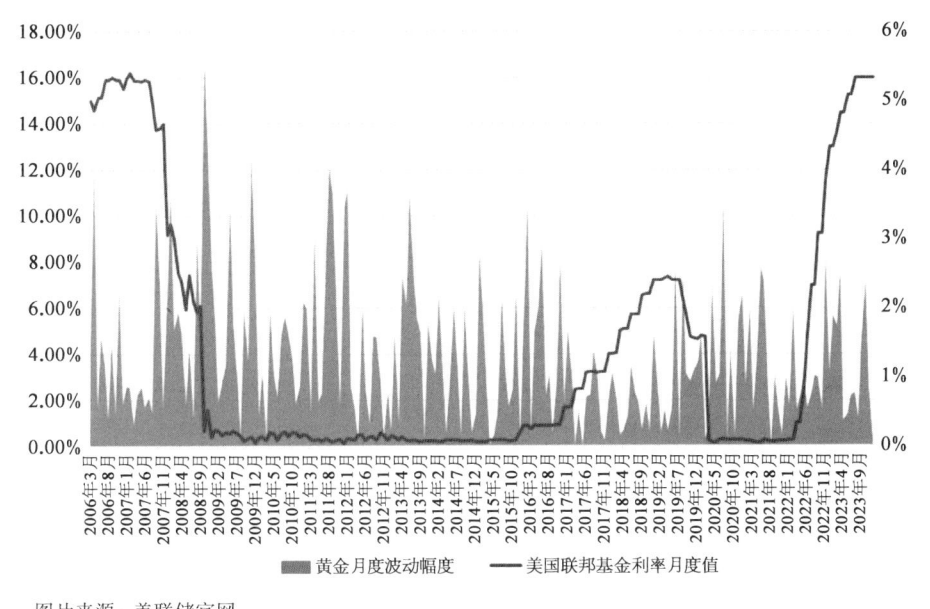

图片来源：美联储官网。

图 28 美国联邦基准利率与黄金月度波动率的关系（2006 年至今）

美元到市场中，导致黄金的波动率出现了多次波峰。

当 FFR 长期维持在低位或高位的时候，黄金的波动率波峰是逐步下降的，比如，2006—2007 年以及 2008—2015 年的波动率情况，显然可以说明，黄金市场的活跃度依赖于 FFR 变化的不断刺激，而且低利率更有利于创造黄金的强波动性牛市。

我们再来看图 29：

图 29 显示的是 2008 年以来，美国联邦基金利率与黄金月度涨跌幅的关系。

当开始降息时，黄金率先表现为下跌。因为市场货币流动性增加，经济复苏活跃，避险资金撤离，资金涌向股市、商品等其他领域，导致降息前期对金价的整体利空。

当 FFR 维持低水平的时候，会出现黄金持续上涨的情况，出现牛市。因为货币过剩，导致通货膨胀出现，同步推升了包括黄金在内的所

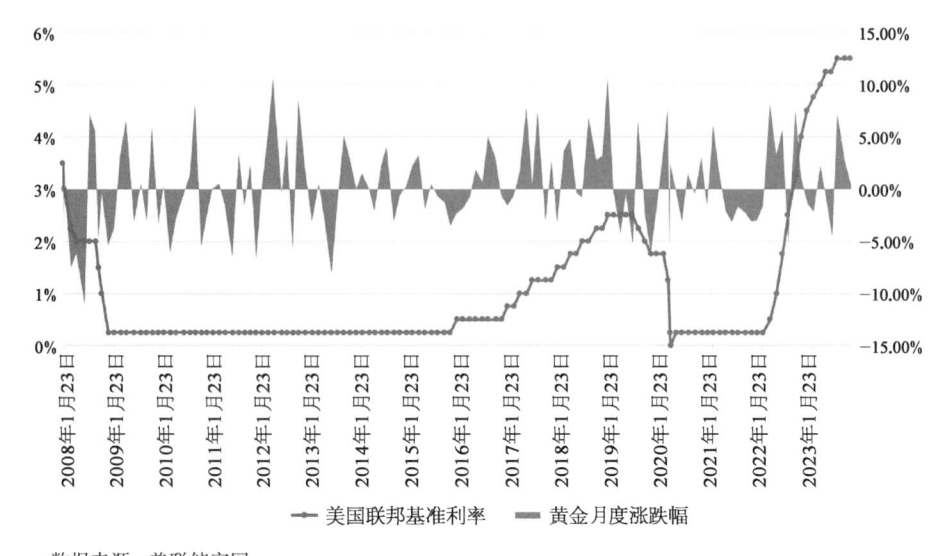

数据来源：美联储官网。

图29 美联邦利率决议与黄金波动幅度的关联

有资产价格。此时，低利率周期内的牛市核心逻辑是通胀。

当开始加息时，黄金又率先表现为下跌，且跌幅的时间跨度比较大，也就是所谓的持续回调。因为经济低迷，美元回流，首选之地就是债市。所以黄金并未首当其冲成为避险首选。

当加息持续或维持高位的时候，经济已构成衰退，避险需求继续增加，黄金成为继国债之后的选择。所以黄金的涨幅开始形成并持续，开启了迟来的牛市。此时，高利率周期内的牛市核心逻辑是避险。

当再次降息的时候，黄金又开始率先表现为下跌，开启深度回调过程。等待利率持续维持低水平的时候，金价再次起涨。如此循环往复。

通过以上的分析，我们得知，要深刻真实地理解利率对黄金的影响过程，需要结合黄金的收益率变化，有一个构建动态的思维。

我们可以把利率的政策调整分为利率下降期、低利率维持期、利率上升期、高利率维持期，分别对应黄金的下跌调整期、通胀上涨期、下跌调整期、避险上涨期。

再结合国债收益率水平和黄金的回报率水平,来明辨金价长周期的趋势涨跌方向。

中国和欧洲的利率影响,虽然没有美元利率这么大,但随着人民币的国际化,以及中国黄金交易市场的不断扩容发展,对黄金定价权的争夺愈发激烈,以人民币报价的黄金对黄金市场价格波动的影响力也在日渐增强。

扩展资料

世界黄金协会在2023年采访统计了全球57家央行(包括发达经济体央行13家,EMDE新兴及发展中经济体央行44家),征集问题是:关于你们调整黄金储备决策的因素有哪些?

从图30可见,利率水平因素首当其冲,其次是通胀担忧和地缘不稳定性因素。足见黄金的趋势与利率水平息息相关。

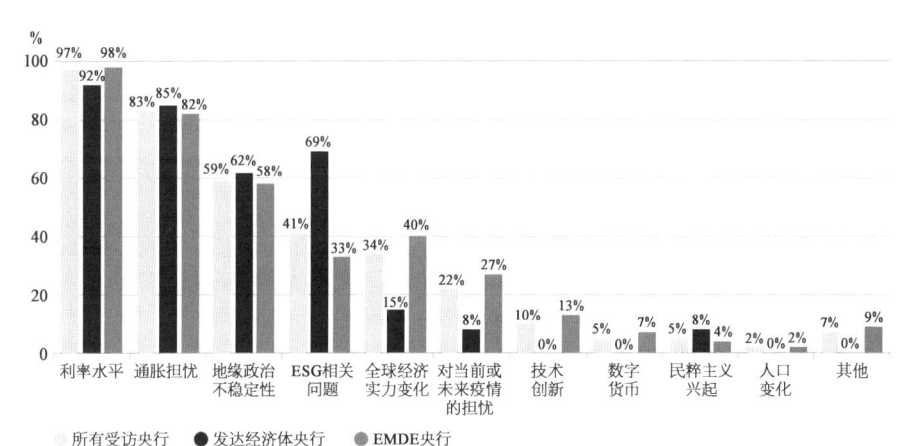

调查基础:所有受访央行(57家),发达经济体央行(13家),EMDE央行(44家)。

数据来源:世界黄金协会。

图30 黄金储备管理决策因素

二、央行售金购金

我们在前几章节提到过关于央行售金协定（Central Bank Gold Agreement，CBGA）的内容。当时为了解决财政赤字问题，各国央行纷纷抛售黄金，但为了防止集中抛售导致的价格崩盘（显然这个担心是多余的），于是在1999年9月27日欧洲11个国家央行加上欧盟央行（后期增加到20个国家央行）联合签署一个协定：规定在此后的5年内，签约国每年只允许抛售400吨黄金。时隔20年后，2019年9月底央行售金协定正式退出历史舞台。

值得玩味的是，1999年5月，英国宣布，打算出售415吨黄金储备。经过了17次拍卖，当时财政大臣戈登·布朗最终卖出英国黄金储备395吨，拍卖均价为每盎司275.6美元。而1999年当年的最低价格为251.95美元/盎司（当时的金价后来被人们称为"布朗底"），促使下跌幅度仅仅9％而已。

而2019年9月底，各国开启了疯狂扫货式购入黄金，直到2020年9月，黄金快速上涨了22.5％！

目前，全球央行正在以前所未有的速度购买黄金。2018年，全球央行的黄金需求就达到自1971年时任美国总统尼克松关闭黄金窗口以来的最高水平（见图31、图32）。

可见，央行售金购金行为是对黄金价格支撑并刺激金价上涨的重要因素。

三、黄金ETF持仓报告

黄金ETF（Exchange Traded Fund）基金是一种以黄金为基础资产，追踪现货黄金价格波动的金融衍生产品。基金形式包括但不限于开放式基金、封闭式基金、共同基金等。

第五章 / 黄金投资交易的实战讲解

数据来源：世界黄金协会。

图 31 全球央行 2018 年黄金需求达到自尼克松关闭黄金窗口以来的最高水平

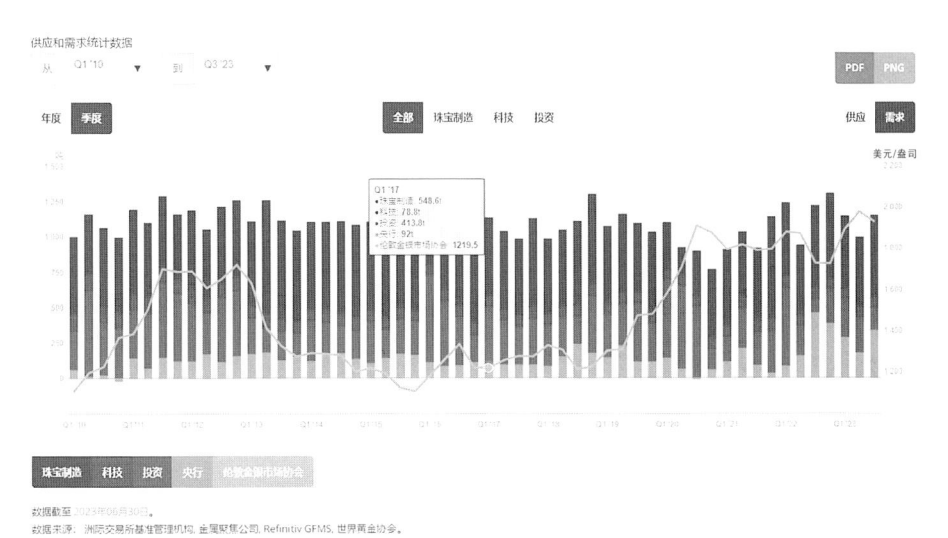

图 32 黄金供应和需求统计

2003年3月28日，世界上第一只黄金ETF基金——Gold Bullion Securities——在悉尼上市。它是由黄金业有限公司和世界黄金协会共同创新推出的世界第一只黄金ETF。

随后，著名的StreetTracks Gold Trust基金（纽交所代码GLD）成立，并且于2004年11月18日在纽交所上市交易。该基金由世界黄金协会附属机构世界黄金信托服务公司发起，高峰时期持有黄金超过400吨。

截至2023年9月，全球黄金ETF基金已经多达164只，其中亚洲34只，欧洲98只，北美地区24只，其他地区8只。

到2023年底，全球黄金ETF管理的黄金规模已经达到3 281.68吨，全球黄金ETF市场规模已经达到1 977.8亿美元。

目前全球规模最大的黄金ETF是SPDR Gold Trust，中国规模最大的黄金ETF前三名是华安易富、易方达、国泰这三家。

黄金ETF的价格是追踪黄金现货价格波动的，并且黄金ETF的基金份额供需情况和黄金本身的供需情况是独立的。

当投资者买入黄金ETF的速度和规模超过黄金本身被购买的速度和规模，就会导致ETF的价格超过其所追踪的黄金价格，从而失去了跟踪的作用。

通常为了消弭这种情况，黄金ETF的保管人机构会增发新的ETF份额，并把筹集到的资金增持购买实物黄金来做储备。这样的机制就保证了ETF成为推动金价上涨的重要力量，也是给黄金市场规模扩容的重要工具。

黄金ETF基金的出现，改变了黄金市场的资金结构。它成为黄金市场中除了矿业、央行之外的第三股重要资金力量。由于黄金ETF基金的蓄水池特性，它聚合了更多的投资者资金，间接地参与到黄金市场中。可以说，黄金ETF的出现直接促成了2005年以后的黄金牛市启动。

我们以全球最大黄金 ETF-SPDR Gold Trust 2004 年以来的管理规模、持仓量、持仓增减变化三个角度作为参考，与 LBMA 黄金价格的走势做对比分析。

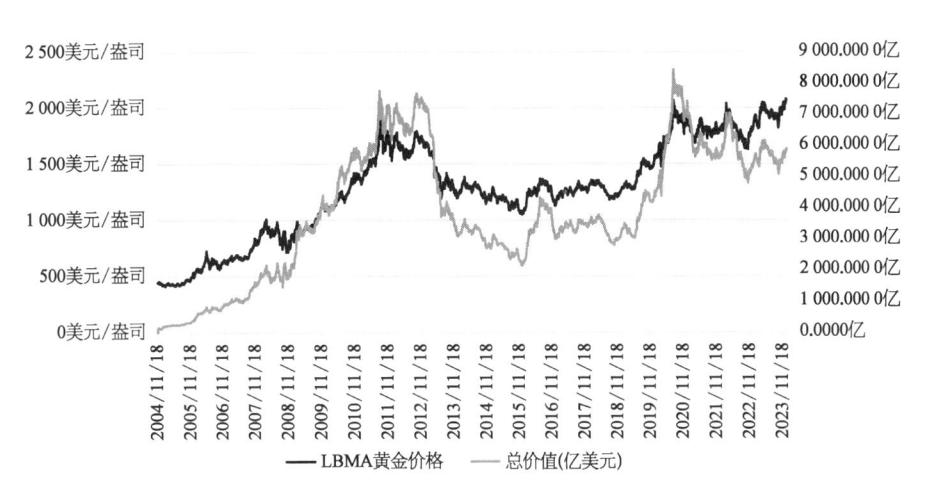

数据来源：世界黄金协会。

图 33　金价与 SPDR Gold Trust 管理规模

从图 33 可以发现，黄金 ETF 的管理资金的增减与黄金价格的走势高度一致。并且在 2009 年美元量化宽松、全球货币充盈的背景下，直到 2013 年美元量化宽松接近尾声的这个过程中，黄金 ETF 的规模价格是高于黄金价格的。在 2020 年疫情背景下，美联储紧急降息（类似 2008 年金融危机后紧急降息的操作）又导致黄金 ETF 的规模价格是高于黄金价格的。

从图 34 可以发现，黄金 ETF 的持仓量从 2008 年到 2014 年的上涨牛市过程中形成了明显的波峰，在 2014 年到 2019 年金价下跌熊市的周期形成了明显的波谷。

而从 2021 年开始，金价上涨，黄金 ETF 持仓量反而下跌了。这是为什么呢？

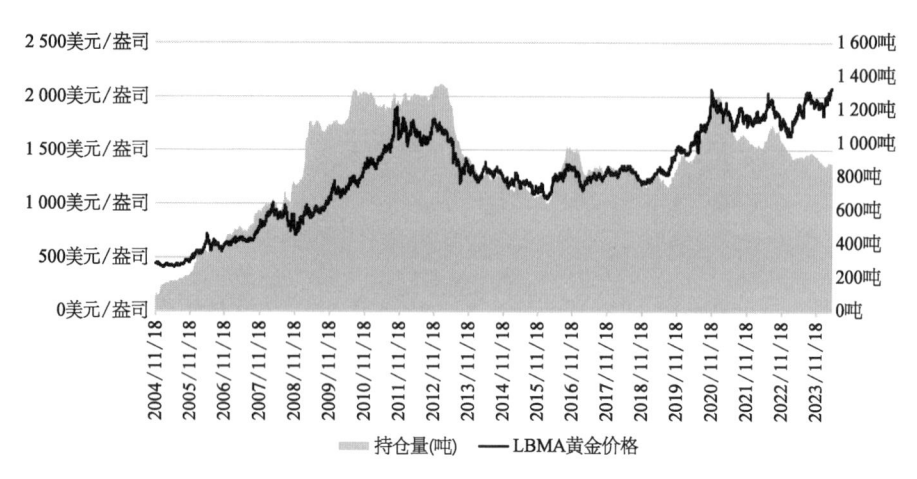

数据来源：世界黄金协会。

图 34　金价与 SPDR Gold Trust 持仓量

我们先来看下一张图，再来回答这个问题。

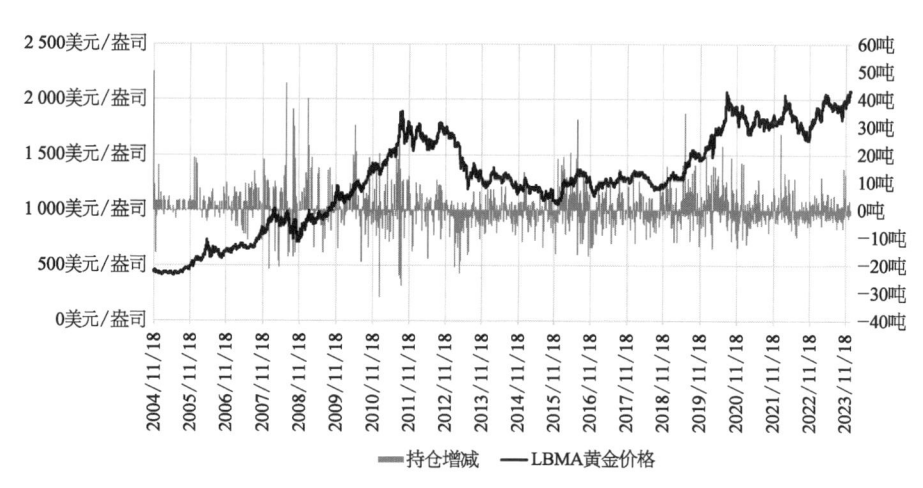

数据来源：世界黄金协会。

图 35　金价与 SPDR Gold Trust 持仓增减

从图 35 可以发现，黄金 ETF 的持仓量增减波动幅度，从 2008 年至今在逐渐缩小。

现在我们来回答这个问题，为什么金价上涨，黄金 ETF 持仓量反而下跌，波动幅度也缩小了呢？

是因为利率和国债。我们上面讲到过，当降息的时候，市场流动性增加，经济复苏活跃，短期避险资金虽然逃离黄金市场，但中长期对黄金的投资是在整体增加的，所以黄金 ETF 的规模、持仓量都上升了；而当加息的时候，资金首选避险之地是债市，这就导致黄金市场，包括黄金 ETF 市场规模和持仓量的萎缩。而金价的上涨，是由央行购金提振供需、提供波动来体现的。

何况，2020 年因为疫情的短暂紧急降息并没有持久，也就构不成对黄金 ETF 规模和持仓量的提振了。

所以，汇总以上三个图的视角分析，我们得出以下结论：

第一，黄金 ETF 的持仓量和增减变化与金价正向同步。ETF 不仅是被动地跟踪金价走势，在利率等市场变化中，来自黄金 ETF 超额买盘需求是可以转化成对实物黄金的需求的，从而推动金价上涨。

第二，黄金 ETF 与央行购金形成了推动金价上涨的两股力量。当货币利率宽松，处在降息周期的时候，黄金 ETF 成为推动金价上涨的重要利率；当货币利率紧缩，处在加息周期的时候，央行购金的推动力量突显，黄金 ETF 退居其次。

第三，只关注黄金 ETF 的持仓增减变化，是无法准确判断黄金价格趋势的，也正因为黄金 ETF 需要考虑其他方面进行综合判断。

四、期货现货持仓报告

由于国际黄金价格是由全球多个交易所的数据联通形成的，而各个地区性交易所的期货现货市场，都有各自市场中机构合约持仓情况的实时变化。比如 CME、LME 等机构的多空持仓单数据公布，反映的是最为核心真实的黄金市场资金流的变化。正所谓"资金流向决定一切"，黄金市场的价格波动受到场内外资金的直接驱动，所以关注场内交易的持仓变化情况是极为重要的。

期货现货持仓变动情况对黄金市场的影响仅次于货币政策。影响主要是"大趋势内的周期性方向"，比如月度级别周期。

目前全球最大的黄金期货交易所是纽约商品交易所（COMEX），而美国商品期货交易委员会（Commodity Futures Trading Commission，CFTC）是管理该交易所的机构，在北京时间每周六凌晨 3:30（美国夏令时）或 4:30（美国冬令时）例行公布周持仓数据。该报告反映了黄金期货交易所截至当周周二收盘时的持仓头寸。不仅如此，世界黄金协会也采用 COMEX 的数据来分析黄金期货合约的升贴水状态，以供全球投资者研究。

所以，我们可以通过观察 COMEX 的实时持仓数据，以及 CFTC 公布的周持仓数据，抽丝剥茧看出主力资金在黄金市场中的动向，以及他们对金价涨跌的态度，从而对黄金的趋势做一个判断参考。

分析持仓数据，主要是看三大类（商业类、非商业类、非报告类）和两个维度（未平仓合约、持仓量变化）。

先说持仓量的维度：

持仓量增加，表明资金在流入市场，多空双方对价格走势分歧加大；COMEX 黄金持仓量减少则表明资金在流失，多空双方的交易兴趣下降。

再说三大类报告：

1. 非商业性持仓（Non-commercial）

非商业性持仓也叫投机性持仓，或基金持仓，即以对冲基金为主的投机性机构持仓，是 CFTC 持仓报告中最核心的内容。我在上一部分讲解黄金 ETF 基金持仓的时候，单独提到过。

在当今国际商品期货市场上，基金可以说是推动行情的主力，其进入基金市场的主要目的是通过追逐金价波动而产生利润，即以投机为目的。一般这批持仓的特性为：持仓期较短，达到交易目的后便通过反向合约对冲平仓，不进行实物交割。基于上述特点，非商业性持仓很好地反映了金价的短期趋势，是操作短线交易必要的参考。

CFTC将非商业性持仓分为long（做多持仓）、short（做空持仓）、spreads（套利持仓）。净多头就是指基金持仓中多单数量与空单数量之间的差额，净多头的变化对黄金价格影响较大，是分析黄金价格走势的关键因素。一般来说，净多头的变动趋势与市场行情呈现同方向变动。

2. 商业性持仓（Commercial）

商业性持仓一般为黄金的供应商、需求商、金矿公司等对黄金有套期保值需求的持仓。本类持仓数量庞大，但数量相对稳定。商业性持仓也分多头持仓和空头持仓，这代表了很大一部分长线持仓。由于对冲成本风险的需要，在商业性持仓里，空头合约长期多于多头合约。

普通投资者不需要深究其中的数据构造原理，但可以通过以下规律来做简单的判断。

1. 在分析中重点监测非商业性多头头寸、空头头寸（或非商业性多空比率）。

2. 出现多头增空头减、多空均增、多头平仓空头减少这三种情况，一般是价格上涨的信号，且后市有进一步上涨的动力。

3. 出现多头减少空头平仓、多空均减、多头平仓空头增加、多头减少空头增加这四种情况，一般是价格开始横盘或下跌的信号，且后市有转进一步走弱的可能。

4. 当持仓总量或未平仓合约增加的时候，黄金的波动性增加；当持仓总量或未平仓合约明显减少的时候，黄金的波动性降低，市场波动开始萎缩。

总之，持仓报告是很多专业机构研究黄金趋势的重要参考依据，投资者可以从中获得很多有价值的信息，从而紧跟市场主力资金的动向。

五、经济荣枯类数据与其他消息

关于经济荣枯类数据，是投资者最为熟悉的。比如美国的国内生产总值（GDP）数据、物价指数（CPI）、消费物价指数（PCE）、生产者物价指数（PPI）、非制造业 PMI、初请和续请失业金人数、非农就业数据、美国失业率数据、零售销售数据等。

这些数据，是最容易在公布当时造成行情的明显波动的，也是投资者感受最明显的。

在关注这类数据的时候，我们不能仅仅看财经媒体给出的数据和显示在数据旁边的利多或利空观点，而是需要有自己的判断。

我们从预期值和前值两个维度来解析：

1. 公布值与前值的差距大，则对黄金利多或利空的效果就强，就更容易导致数据公布后，形成快速的单边上涨或下跌。

2. 公布值与预期值的差距大，市场情绪偏离增大，则对黄金利多或利空的幅度就大，就更容易导致数据公布后形成快速的上下波动，并不是单纯的利多上涨、利空下跌的表现。

3. 公布值处于前值和预期值之间，则市场情绪与真实数据偏离，一般会造成行情先向着数据影响的反方向运作，而后进行修复，也就是所谓的诱多或诱空行情。

比如，公布值≥前值≥预期值，或者，公布值≤前值≤预期值，大概率是单边行情。

比如，前值≤公布值≤预期值，或者，前值≥公布值≥预期值，大概率是震荡行情。

4. 某些数据在公布后还会发布修正值。这些修正值才是真正决定价格刺激方向的因素，所以也需要重点关注。

5. 针对非农数据这种每个月第一个完整周都需要经历的重要数据，

我们一般建议在当周进行提前的投资操作布局，而不是博弈非农数据当时几分钟的异常波动。

总之，遇到此类数据发布的时候，其实并不是最佳的操作时机，应该把短暂的数据公布前后十分钟看作是市场异常波动的风险期。因为行情早晚会回归到正常的波动中，而异常波动期带给投资者的也并非一定是利润，或许还有同等的风险。

最后，重要人物讲话、重要节日、地缘冲突这三个方面，对于黄金的刺激都是不确定的，我们需要随时更新观点、及时关注新闻。但切勿生搬硬套地把财经媒体的观点当作是投资交易的唯一决策理由，这点尤为重要！

第三节 心态面

我们在学习黄金投资的时候，为什么要重视心态面呢？

我们可以把黄金投资市场比作一个武林江湖，想要在这个江湖中行走，一定要有自己的武功。修炼技术面和基本面，就是在修炼使用兵器的外功，而修炼心态面，就是在修炼自己的内功心法。

在武林中博弈，我们不仅需要获得自己称手的兵器，而且要让自己有强大的内功心法来支撑。

心态面这个内功心法也是非常丰富的。我们可以从以下几个方面来修炼：

第一，市场如何看待投资者，投资者如何看待市场？

第二，各种应用场景中，投资者的动机是什么？咱们在关注什么？

第三，如何在黄金市场中定位自己的行为？

第四，交易过程中，开仓、持仓、平仓三个环节的心态调整。

第五，遇到突发情况的心态剖析。

一、市场如何看待投资者，投资者如何看待市场？

大家都熟悉的一句话"投资有风险，入市需谨慎"归结起来就是投资者教育。无论是股市还是黄金市场，中国都是非常重视投资者教育的。为什么呢？就是因为投资市场江湖险恶。在黄金投资市场中，普通投资者是在和大型金融机构、专业的资管团队、资深的操盘手以及不断迭代的量化交易计算机程序同场竞技。无论是从资金规模体量，还是交易能力,普通投资者可以说都是相对弱势的群体。

不可否认的是,普通投资者(也就是散户)是市场中重要的组成部分。市场为了降低普通投资者的投资风险,鼓励投资者参与,一方面提高了入市的门槛(比如期货黄金开户培训学习制度),另一方面通过开拓基金模式调低了投资者参与的门槛(通过购买黄金 ETF)。

但这样的做法,并没有从根本上改善投资者面临风险的情况。

首先说培训制度,投资行为是在结合理论的过程中,通过实战来逐步总结经验的,并不能通过速成的培训来彻底解决问题。

其次,委托给黄金 ETF 基金公司入市投资,并不能改变投资者亏损的情况,反而从直接面对唯一的市场风险,变成面对基金产品的选择、基金产品的运营情况和黄金市场的波动三类风险。

所以,市场想善待黄金投资者,但我们要理性面对市场,只有打铁自身硬,充分了解市场的规则和初衷,才能在市场中站住脚。

反之,投资者应该如何看待市场呢?

一句话来总结:这是一个充满风险和收益的修行场。

黄金投资者们,带着自己的智慧和资金进入市场,得与失、悔与悟都体现在这里面得到的成长。无论市场是所谓的零和博弈还是撮合交易,都希望黄金投资者们可以通过每一次的后悔和感悟,获得利润,收获成长。

二、各种应用场景中,投资者的动机是什么?他们在关注什么?

在黄金这个大市场中,用户的动机分为消费动机、投资动机、理财动机、投机动机。

我们首先要分清,投资、理财、消费、投机不是一回事儿。

1. 投资是追求收益的最大化,投资形式包括自主和委托两种。

2. 理财是追求配置的最优化,理财是一个长期行为,投资有可能是一个短期行为。理财包括风险转嫁（购买社保、保险），收益配置（各类投资工具），财务规划（记账）。理财包含投资，两者都有风险，只是风险体现的周期不同而已。

3.投机是投资过程中的一种手段。

4.消费是满足各类需求的购买行为，包括实物、服务、权益等。

分清以上概念，我们就可以通过各个应用场景来剖析了。

购买实物金条——此行为是消费动机，背后的驱动力是100%的理财动机。

购买黄金饰品——此行为是消费动机，背后的驱动力是50%的理财动机。

购买黄金ETF——此行为是投资动机，背后的驱动力是理财动机。

黄金做单交易——此行为是投机动机，背后的驱动力是投资动机。

黄金积存（自主）交易——此行为是投机动机，背后的驱动力是投资动机。

黄金积存（定投）——此行为是理财动机，背后的驱动力是投资动机。

黄金回购——此行为是消费动机，背后的驱动力是理财和变现动机。

在以上的场景中，投资者最关心的是什么呢？

我列了几个要素来剖析，分别是实时金价、品牌信誉、配套服务、附加价值、工艺材质。咱们根据各个应用场景和投资者对要素的关注度，将投资方式的优先级从高到低进行排列。

（1）实物黄金及饰品。投资者对商家品牌信誉、附加价值、工艺材质、配套服务会优先考虑，而对实时金价的敏感度较低。主要诉求是用闲钱来拥有，价格相对合适，能保值且喜爱，还有私密性的需求。

（2）黄金ETF。投资者对基金的品牌背书、附加价值（也就是基金收益率）会优先考虑，对实时金价几乎不敏感。因为敏感也没有用，毕竟是委托给基金公司打理资金。主要诉求是稳健且不占用时间的理财。

（3）黄金回购。投资者对实时金价和商家的品牌信誉，尤其是回购的配套服务比较重视。主要诉求是变现和周转。

（4）黄金积存。投资者对实时金价和积存产品的附加价值比较重视（比如是否可以兑换实物等）。主要诉求是用闲钱来累积，投资性格上是偏稳健或保守的。

（5）做黄金单交易。投资者对实时金价最为敏感，对交易平台的品牌信誉和配套服务也是重要考虑的因素。主要诉求是赚取稳定长期的丰厚差价收益。

三、如何在黄金市场中定位自己的行为？

（一）做临河舀水的贤者

首先我要说，稳赚不赔的交易圣经并不存在，现实中只存在最适合自己的策略。

我强调过，黄金投资只能是且必须是建立在长期价值投资的基础上，以博弈黄金的价格差值作为目标，赚取相对稳定概率的收益回报。

那么，交易过程就像一个人在河边用瓢去舀水。你拿着瓢（你的固有策略和资金），坐在河边，每次去舀你能抓得住的有限的水（收益）。

有时候，策略错了，瓢损失掉了；有时候策略对了，舀的水也是有限的，这才是常态。

正所谓，弱水三千，只取一瓢饮！

在这个过程中，黄金投资者们面对充满诱惑的市场，需要全身心进入暂时无欲无求的境界，全神贯注于价格的波动和决策的调整，而不是资金盈亏浮动的感官刺激。

处于此状态面对金价的波动,做出趋势的预判、时机的预判,最终做出冷静客观的决策。要避免主观上"我想做",要变成"该不该"做。

(二)做概率值得的老司机

你在投资交易的时候,是否觉得每次做单都犹豫?总觉得不能做到百分之百的确定?

其实,这很正常,因为你没有理解"概率值得"!

举个例子,当你开车的时候,看着后视镜打转向灯并道,看到后视镜的后车情况,你觉得时机可以了,就会转动方向盘,而不会每次特别犹豫。

这是因为你大概率默认后车就算再加速也不会在你转方向盘的过程中,碰到你的车。

但一定每次都有小概率,他急加速而且会碰到你的车,或者你自己减速他碰到你的车,但你不可能停车先问下他:你加速吗?然后再上车转方向盘。

这个过程中,从新手到老手,大概率的情况就是技术越来越熟练,其实这个过程就是"概率值得"的体现。

"概率值得"是行为金融学中的一个典型概念,当你投资的时候,给你决策的信心,无非来自三点:(1)理性分析;(2)盈亏数字;(3)执行的策略预案。而其中,大部分投资者对理性分析和账面数字的盈亏波动比较重视,反而很轻视单子进场后执行预案的设定和肯定。

再举个例子,比如你在2000点买入多单。进场交易的依据,或许是来自技术指标的配合和避险情绪的配合,或许是某个外界的观点或消息促使你下单。那么,在这个过程中,你就没有完成"概率值得"的考虑。除非你自己盘算制定好:A种情况,如果跌到1900点就不持有;B种情况,涨到2100点就不持有;C种情况,如果出现意外情况,我能扛单几个点?

想明白这点，你的"概率值得"过程才算真正完成，你也才算真正成为先思再行的黄金交易老司机。

四、交易过程中，开仓、持仓、平仓三个环节的心态调整

我总结一句话："开仓不做羊，持仓不引蝶，出场要做鳄！"

1. 开仓过程

我们都知道羊群效应，它讲的其实就是一种盲目的从众心理。黄金投资者很容易因为新闻消息或身边人的观点被煽动情绪而盲目开仓入场。然后跟着做单，很可能亏损得一塌糊涂。黄金交易的过程和结果，从来都不可复制，应该是千人千面的。

从技术上讲，不同的交易策略对行情有不同的判断标准。别人盈利过的单子，并不代表他的交易就一定具有持续盈利的能力。

并且，任何交易策略盈亏是有周期性节律的。往往在连续盈利之后，都有可能会迎来衰减亏损的周期。而大部分晒单的人，都只是报喜不报忧。这时你盲目跟单，亏损的概率会非常高。

从投资者的角度讲，交易是一件很个性化的事情。每个人的性格特点、风险偏好、交易习惯都有所不同。交易策略一定要和自己的个性做磨合。比如说交易的频率、持仓的时间周期、仓位的大小、止损的多少等。别人的交易策略适合他的个性而未必适合你，盲目地跟随只会导致亏损的结果。

所以，保持清晰的自我认知，以及对市场的判断，再加上过硬的交易技术，开仓不做羊！

2. 持仓过程

我们都知道"蝴蝶效应"，这原本是指一种气象现象。1963年，美国的气象学家提出一种理论：一只在南美热带雨林中的蝴蝶偶尔扇动几下翅膀，就有可能在两周后引起美国的一场龙卷风。

蝴蝶效应被引入经济和社会的各个领域中，也泛指小事件引发了一连串的巨大改变。蝴蝶效应在金融市场中的代表性事件，就是 2008 年全球金融危机。这次金融危机是从 2006 年美国次级债违约开始，2007 年 8 月开始席卷美国、欧洲、日本等全世界的主要金融市场，次贷危机也成为 2008 年金融危机的导火索。

其实蝴蝶效应在交易中也体现得淋漓尽致：

某个亏损的交易者自述，他每次交易单都是轻仓少量的。但总是在上一单没有处理完之前，就开启下一单。导致浮动盈亏逐步增大。从震荡阶段多空反复做，再到单边被快速增大浮动亏损，最终导致拉爆了账户。所以，当你没有做好上一单出场预案（比如设置止损止盈以及减仓）的时候，不要轻易开启新的交易单。不要让任何一个小单，成为导致你整体账户资金巨幅盈亏波动的那只蝴蝶。

3. 平仓过程

我们都知道"鳄鱼法则"，假如你被鳄鱼咬住了一根手指，千万不要用另一只手试图去挣脱，否则你整个人都有可能被鳄鱼拖到水里。唯一的办法就是牺牲掉被咬住的手指。

这个理念，其实和黄金交易中止损止盈的功能非常相似。

很多人都很抗拒主动止损（或设止损），觉得止损就意味着失败。但其实，放纵交易单的亏损无限扩大才是最可怕的。就好像一个苹果，刚开始有一个虫眼，如果你放任不管，不去剜掉，时间长了，就会让整个苹果溃烂无法食用。

很多人都很抗拒主动止盈（或设止盈）。觉得好不容易开仓的单子，要赚更多的利润。但其实，行情从来都不是一个方向走到头的。反复的波动，就会造成利润的缩水。那么，及时的止盈，重新进入下一轮开仓的机会寻找过程，也是非常必要的。

其实，当你习惯了有限止损和有限止盈的存在，并且把注意力放在长远的多次累计上，你会发现，你的账户盈利反而是稳步增长的。

所以，我们在平仓过程中，不要做被鳄鱼咬住的那个人，反而要像鳄鱼那样，让你的每个交易单，都能从市场中避免被啃下自己的肉（资金）或啃下市场中的肉（利润）。

总之，落袋为安和壮士断腕的心态，才是最值得学习的！

五、遇到突发情况的心态剖析

我们把突发情况分为外部的突发情况和内部的突发情况。外部的突发情况，指的是市场中发生突然的消息或事件，内部的突发情况就是交易者本身和账户的突发情况。

我们先来剖析外部的突发情况：

作为黄金投资者，肯定都有过受突发消息左右而改变交易思路和执行策略，从而影响交易心理的经历。

这个不难理解，因为黄金本身作为全球性的交易品，任何突发消息、突发新闻，都会触动金价脆弱的神经，干扰黄金的正常波动，从而撩拨投资者的心弦。这，就是所谓的市场情绪和心理预期。

黄金自身的魅力也在于此。

外部的突发情况，比如地缘冲突或某些重要人物讲话，往往会带给投资者无限的诱惑和遐想，也非常容易出现"炒作故事"的背景下的情绪化行情。

但是，这些情绪化行情，往往只是市场长河中的一朵浪花而已，并不足以彻底扭转应有的大趋势，也并不是所有消息或事件都能成为刮起巨大旋风的"那只蝴蝶"。所以，当市场炒作升温，并推动市场情绪做出超出现实的预判，形成极端兴奋或恐慌情绪时，我们需要有"定力"！

因为，外部的突发情况，往往会误导交易者因贪心或恐慌而作出错误的决策。当然，更有基于害怕"错过机会"，情绪使然随意下单，这样更是不可取的。

我们再来剖析内部的突发情况。

在交易的过程中，黄金投资者不仅容易受到外部突发情况的干扰，而且会受到来自不同观点的干扰。在行为金融学中有一个概念，叫手表定律。

它讲的是，当你只拥有一只手表的时候，这只手表的时间就是你的准则，你可以很清晰地知道现在是几点。但如果你同时拥有了多只手表，且手表之间有时间偏差，你可能就会感到混乱，不知道现在到底是几点了。

在交易中，大家也常常佩戴"多个手表"。参考外界其他人的不同观点来修改自己既定的执行策略，这是非常不可取的。

在交易的过程中出现浮亏的时候，黄金投资者还容易"赌气式"地恶性补单。这种情况多伴随着投资者盲目的猜顶或猜底心态。比如，行情出现单边下跌，但投资者手上有一个或多个看涨的单子，为了坚定看涨的信心，或者为了所谓的"摊平成本"而不顾价格波动规律和波段周期，随意赌气式地加仓补单，这种情况也是非常不可取的。

当在交易的过程中出现被套牢的时候怎么办？

套牢之后，我们任何操作都是被动的。我们应该适时地进行减仓或斩仓。无论结果如何，我们都会经历一段艰苦的心理历程。被套之后，才真真切切地体会到，踩准节奏进场是多么重要。在处理套单的时候，决不能患得患失、心存幻想。任何的迟疑和犹豫，都有可能带来深度的套牢而难以自拔。

总而言之，通过对心态面五个角度的剖析，希望黄金投资者可以修习好自身的投资交易内功心法，面对险恶的江湖市场，可以凝神静气，随时自省，随时变招，这样才能在市场中以良好的心态生存。

第四节 决 策 面

当我们已经了解并掌握了技术面、基本面、心态面的相关知识后，我们就要开始做一件事情了：搭建属于你自己的个性化的黄金交易思维策略体系，用这个体系来执行决策，真正落实到投资交易的过程。

我们来看黄金交易思维策略体系这个金字塔结构（见图36）。

最底层基石由理论基石和心态基石构成。理论基石就是弹性理论，心态基石就是弱水三千、概率值得的良好心态基石。

中间层工具有投资黄金市场所需的资金、投资黄金市场所需的智力、投资黄金市场所选的交易平台。这三个方面缺一不可。

最高层目标是控制风险，累积利润。

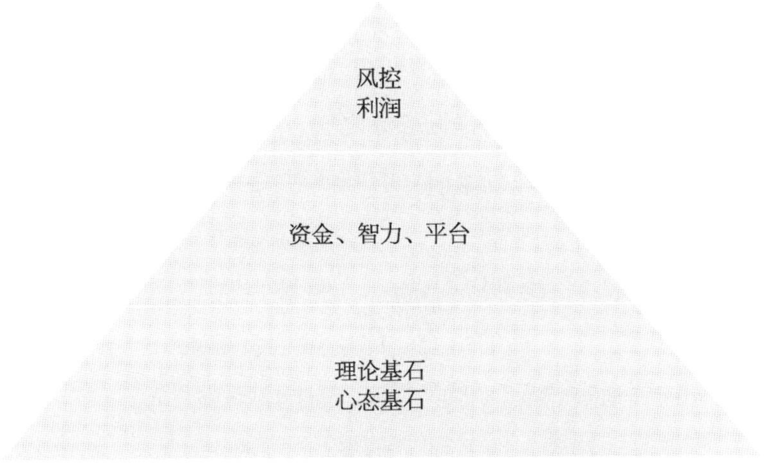

图36 黄金交易思维策略体系金字塔结构

当我们清楚了黄金交易思维策略体系金字塔结构后,还要明确黄金交易思维策略体系的思行合一的闭环。

我们每次的交易过程,就是在决策形成后,进入决策执行过程,然后获得行情波动的反馈,进而得到修正的信号,再形成新的决策,而后再进行执行或等待(见图37)。

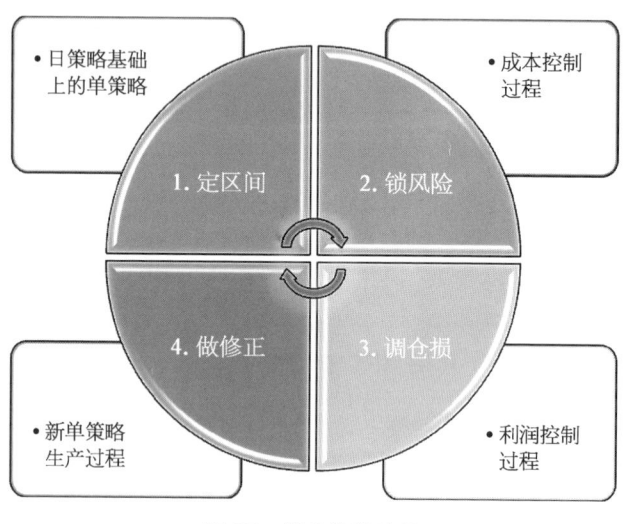

图37 策略执行路径

通过以上的梳理,我们可以知道,每一次的交易都需要有相应的配套思路和决策。正所谓,不打无准备之仗。每一次交易之前,我们必须要明确黄金行情波动的趋势方向,明确何时交易是最佳的时机,明确什么价格是最佳的点位。

总结起来就三个字:势、时、点。

要想获得这三个关键的信息,除了融会贯通前几节的知识内容之外,我们还需要通过"看""画""测"三个环节来完成。

看,指的是通过看主图K线及形态,看主副图指标,确定各周期的涨跌方向,找出当前的主要方向。

画，指的是通过画线工具找出相对应的中继结构形态，确定波动结构的突破位置和时机。

测，指的是通过使用测算工具，确定未来的阻力和支撑价格。

我们在完成"看""画""测"这三个步骤的时候，要注意以下几点：

第一，避免"不是涨就是跌"的二元线性思维。

第二，尝试多周期综合权衡趋势，分清整体和部分的区别。

第三，避免只在一个周期内形成决策。

第四，策略一旦形成，不轻易改变，改变策略必有依据。

第五，通过策略随时感知行情的波动速率和波动顺序，随时关注风险控制。

最后，我们说一下，在不同行情下如何思考，如何测算，如何做单的问题。

1. 单边趋势

确定趋势为上涨的依据，不能以单根K线作为判断的依据，而是要看日级别乃至更大周期的结构处于上升态势才可确认。当确认了上涨趋势后，需要通过画线来确定上涨趋势是处在前期、中期，还是末期。再通过测算工具，来确定各周期内的阻力和支撑。

这时，我们还要通过指标系统来确定单边上涨或下跌的力度和速度，以此来明确波动的顺序和速率。

当确定了以上的因素后，我们就可以开启操作了。

2. 震荡趋势

确定趋势为震荡的依据，可以参考前期的单边行情。以"跌后反弹""涨后回调"的思路来进行确认。当确认了震荡趋势后，需要通过画线来确定震荡形态处于何种中继结构。再结合指标系统来确定震荡过程中的速率。正因为震荡相对单边来说是没有方向地来回波动，所以可以更重视震荡的顶底位置。并且需要确定震荡中轴，以此来避免反复争夺区域的价格被选中为交易价格，导致低效的持仓操作。

  总之，决策面的过程，是一个把理论知识不断融会贯通、不断完善修正的过程。

  期待大家能够在黄金市场的投资交易过程中，获得稳健持久的利润和对市场、对人生的多重感悟！

附　录

附录一　作者历年投资的经典语录

1. 在黄金市场中，无庄不市场。撮合机制与做市机制对于市场来说同等重要。

2. 在黄金市场的波动中，并没有绝对好的点位，也没有绝对坏的点位，有的只是你踩对节奏中的有效点位。

3. 市场上关于黄金的策略观点各有千秋，甚至同一时间是相悖的。你应该相信谁呢？尽信书不如没有书。每个策略背后，不同者观察的角度都不尽相同，只能作为你自己的参考。黄金交易的本质是概率化交易，没有谁一直对或者一直错。判断策略的好坏，需要拉长时间周期去看待。

4. 资金多不能作为扛单的魄力，资金少不能作为慌乱出场的理由。

5. 扛亏损单就像是在养病灶，处理亏损扛单就像是在处理伤口上的烂肉。所以，疾入腠理，不治恐深，避免讳疾忌医。

6. 交易市场没有神，谁都不可能一直正确下去，赚到钱容易，一直活着且赚钱才是最难的。媒体喜欢"造星造神"，但市场会偏爱持之以恒的稳健智者。

7. 每个成熟的交易者，都需要有属于自己的决策分析模型，而不是单纯的几个策略或机会。

8. 止损止盈是在持单过程中，锁定风险、保护利润的重要工具。使用好它们，可以大幅提高盈利率。

9. 有些交易者，亏损扛单时坚定，盈利平仓时焦虑，体现了投资市场中最易暴露出的人性弱点，逆势侥幸，顺势贪心。

10. 扛单不仅是亏损额度的扩大，也是信心的消磨；积累盈利次数，不仅是利润的积累，更是信心的累积。

11. 黄金交易的操作过程，不要总追逐、幻想着所谓大行情，就像不要总妄想中彩票一样。从大处着眼，小处着手，有效的小筹码在手里，才是能演变为大行情及时上车的车票。

12. 行情趋势中，市场做顶和筑底都是需要时间积累和价格头寸积累的。难免有一段纠结的震荡位置来换取再次下跌或上涨的空间。所谓，横（横盘）有多长竖（单边）有多高。

13. 行情终究是一半魔鬼一半天使，还有中间震荡做调和。

14. 在有亏损扛单的前提下，只出盈利的单子，是自我安慰。并且只出盈利的单子，意味着丢掉点位较好的持有点位，而去持有点位极差的单子，这是不理智的。

15. 震荡意犹未尽，徒劳耗损趋势信念。金价在历次的震荡行情中都是在不断消耗你对趋势的信念和资金。震荡中多看少动，不图短利，不到行情明朗不出手。

16. 判断趋势的过程中，一定要把自己的趋势感放大到年度—季度—月度，再缩小到现在行情去考虑具体的点位决策。

17. 很多投资者都在把下跌当作悲观，把反弹当作希望，除去自身有某一个方向持仓的心理因素之外，我想说，市场中的悲观与乐观情绪，和避险投机情绪一样，只是市场价格表现的一个表象理由，并不能说明什么。

18. 黄金的价格是由货币属性、商品属性、金融属性交互决定的，背后是信用的属性综合体，并不单纯只是供需的关系。

19. 低利率、高通胀是黄金价格持久上涨的温床，但高利率逼近通缩下的黄金价值更接近于真实。

20. 市场纵有万般变化，你要有一定之规。顺应趋势，不以止损而后悔，不以错过而懊恼，追击源于勇敢，扛亏源于自负！

21. 上帝印的货币就叫黄金！

22. 市场总是在破坏已有的规律基础上重建规律。这正是所谓"历史不会重复，但一定会重演"的诠释。

23. 交易技术是术不是道，只依靠技术理论去做交易，很容易走火入魔，不断地用资金去试水验证，把技术变成自己主观判断的借口。所以，要跳出交易技术看市场，返璞归真。有时候真的要相信，老玩家还不如一个童真的孩子的直觉来得准确。而直觉的背后，是盘感，是对市场时空的最精准反馈。

24. 明斯基循环理论告诉我们，经济泡沫是由无序的信贷推动的。一旦泡沫达到临界值，引发经济危机后，资产的价格又会回归价值。而价值的标的物，最被认可的就是黄金。

25. 资本就是血液，金融就是管道，百业兴衰都离不开金融的滋养，金融是包罗万象的。在中国，政策是土壤，百业是作物，资本是肥料，适度的肥料才能滋养作物，否则就会适得其反，这也是为什么要控制资本无序的根本原因。

26. 黄金市场的博弈过程，交织着行情的涨跌起伏与人性的喜怒哀乐。人生交易，交易人生，每个投资者都应该会有这种跌宕起伏的感受吧。行情的涨跌，也是人生起落的缩影。

27. 每种策略其实都是一朵昙花，昙花一现为的是市场这个韦陀。没有绝对完美的策略，没有一劳永逸的盈利绽放！

28. 投资交易市场，永远是内核对冲风险的投资，外围拥抱风险的投机，这是永恒不变的。低杠杆市场被高杠杆市场包裹着，构成了更多元化的市场结构，增加了流动性。但也会导致不定期的风险倒灌，比如"黑天鹅事件"。这是交易市场制度建设中需要不断完善的。

29. 黄金投资或许不是收益率最高的品种，但绝对是对冲贬值风险的最佳品种。经济有多坏，黄金就有多强。其实对于黄金投资，首先是保值，其次才是投机赚差价。

30. 人遇到某些情况或困难，依靠经验做出有本能的情绪反应，那么也就会有遇到危机的正反馈和负反馈。而黄金投资中，追涨杀跌就是正反馈的延迟作用。看涨，是乐观的避险趋利；看跌是悲观下的逃离避害。

31. 金融的本质是信用，信用也是一种情绪，是集体潜意识对风险感知做出的行动。

黄金市场，虽然有量化交易的部分，但始终是人的市场，是人在操控资本的流动。

市场能对财经数据或消息做出反应，其实就是人对财经数据和消息做出的反应。

32. 交易准则：严控仓位，切勿重仓；止损第一，保本上移；顺势加仓，敢于博大，亏不加码，认错割肉；连损两次停歇看。

33. 以战胜他人为目标，你的内心将永无宁日。黄金投资更重要的是战胜自己。只有不断自我进步，克服弱点，才能成为黄金市场中的强者。

34. 有效的盈利锁单，是未来行情中的交易资本；无效的亏损锁定，是未来行情中的交易包袱。

35. 小仓位、大趋势、善止损、忌盲猜，这就是黄金交易中的良好习惯。

36. 涨势中，回踩往往不充分；跌势中，反弹往往不到位；震荡中，常见诱多空。这是黄金行情中的常见现象。

37. 黄金投资首先是智力投资，不要在没有系统学习之前就拿着本金杀进市场，这无异于用你的全部本金交学费。

38. 黄金交易训练中，要重视对金价波动速率和顺序的感知，对风险的感知，对心态调整的感知。

39. 黄金投资是科学，但牛顿都难以驾驭；黄金投资是艺术，但又需要理性的研究分析；黄金投资是哲学，涨跌须臾间见人性、见真理。

40. 黄金交易中，买入靠信心，持有靠耐心，卖出靠决心。

41. 黄金分析像天气预报，不可能绝对准，且不可能超过 7 天。

但这也不耽误智慧的中国人，根据天气变化研究出适合农业生产的二十四节气。分析预测的目标，找出规律中的概率，从而适时而作。

42. 投资交易，是一个非常个性化的事情。成功与失败，不仅仅取决于外部国家政策、经济环境、黄金市场的周期，更取决于一个人的阅历、性格、知识储备。

只有通过长时间的学习和实践，才能形成属于自己的策略方法，才能够在市场中长期游刃有余地存活。

附录二　古代金银器赏析

中国的金银器，经历了各个朝代的更迭发展，纵观而论，可以说是一幅优美的画卷，各色工艺和各类器具都在默默传承着中华传统文化，散发着对文明的隐隐光辉。

我们从朝代来梳理下金银器的工艺发展，并在接下来的系列中，给大家赏析各式各样的金银器皿[①]。

1. 夏商周

商朝和周朝的工艺较为简单，主要就是打箔、拉丝、金平、铸造技术。

打箔——在安阳殷墟和四川三星堆以及金沙遗址都出土了薄到0.1毫米的金箔制品。

拉丝——在北方草原出现了用锤揲和拉丝的金银鼻饮和耳环。

金平——在燕赵地区，出土过燕国的金平脱制品。

铸造——陕北周地，出土过最早与青铜铸造同时代的铸金工艺的金腰带。

2. 春秋战国

该时期，人们掌握了铸造、锻打、雕镂、錾刻、镶嵌等更加细腻的工艺。

比如，安徽寿县出土过蔡昭侯的"楚王银匜"，是一种礼器，用于

[①] 古代金银器赏析部分的配图（图38—图55）及文字参考引自：廖望春著，《金银器》，甘肃文化出版社2014年版。

沃盥之礼，给客人洗手所用。

它呈现出瓢的样子，腹部錾刻铭文，极其精美。

图 38 安徽寿县出土的"楚王银匜"

再比如，山东曲阜出土的"猿形银饰"，以纯银铸造，用贴金的技法描绘栩栩如生的动态。

图 39 山东曲阜出土的"猿形银饰"

再如，大名鼎鼎的湖北随州曾侯乙墓，不仅出土了编钟，而且出土了我们国家最早的金盏和金勺。其中，金盏是先秦金器中最大最重的一个。它通过铸造和焊接工艺，把蟠螭纹贯穿其中，代表了前秦黄金工艺的最高成就。

图 40　曾侯乙墓中出土的金盏和金勺

草原人民也不甘落后，技艺的精巧也是有目共睹的，比如在鄂尔多斯出土的阿鲁柴登匈奴墓，其中一件"胡冠"就是运用了浮雕、铸锤、镌镂等工艺，表现了雄鹰展翅、狼吃羊等生动的画面。

图 41　阿鲁柴登匈奴墓中出土的"胡冠"

古代的工艺，放到今天我们所接触的金银饰品中其实一点也不陌生。这些古代金银器无论是从工艺水平，还是从创意设计，再到制品的精美程度，都堪称一绝。

我们不仅仅是分享，还可以通过分享和学习，从古代汲取更多的创作灵感来服务未来的金银饰品爱好者们。

3. 秦汉

秦代金银器迄今为止极为少见，秦代典型银器是一件鎏金刻花的银盆。该银器是在山东淄博窝托村西汉齐王刘襄陪葬器物中发现的。制作时期是秦始皇三十三年（公元前214年），鎏金刻花银盘吸收了锤揲、焊缀金珠等工艺，异常精美。

图42 秦 鎏金刻花银盘

另外还有，秦错金银乐府钟，根据对这些金银配件的研究已能证明，秦朝的金银器制作已综合使用了铸造、焊接、掐丝、嵌铸、锉磨、抛光、多种机械连接及胶粘等工艺技术，而且达到很高的水平。

图43　秦　错金银乐府钟

西汉时期，黄金就大规模地进入了社会生活。汉王朝是充满蓬勃朝气的大一统封建帝国，国力十分强盛。在汉代墓葬中出土的金银器，无论是数量，还是品种，抑或是制作工艺，都远远超过了先秦时代。

图44　汉　"滇王之印"金印　中国国家博物馆藏

总体上说，金银器中最为常见的仍是饰品，金银器皿不多，金质容器更少见，可能因为这个时期鎏金的做法盛行，遂以鎏金器充代之故。迄今考古发掘中所见汉代金银器皿，大多为银制，银质的碗、盘、壶、匜盒等，在各地均有发现。一般器形较简洁，多为素面。

汉代金银制品，除继续用包、镶、镀、错等方法用于装饰铜器和铁器外，还将金银制成金箔或泥屑，用于漆器和丝织物上，以增强富丽感，最为重要的是，汉代金细工艺本身逐渐发展成熟，最终脱离青铜工

图 45　西汉　金带扣　南京博物院藏

图 46　西汉　鎏金铜虎镇　南京博物院藏

艺的传统技术，走向独立发展的道路。汉代金钿工艺的成熟，使金银的形制、纹饰以及色彩更加精巧玲珑，富丽多姿，并为以后金银器的发展繁荣奠定了基础。

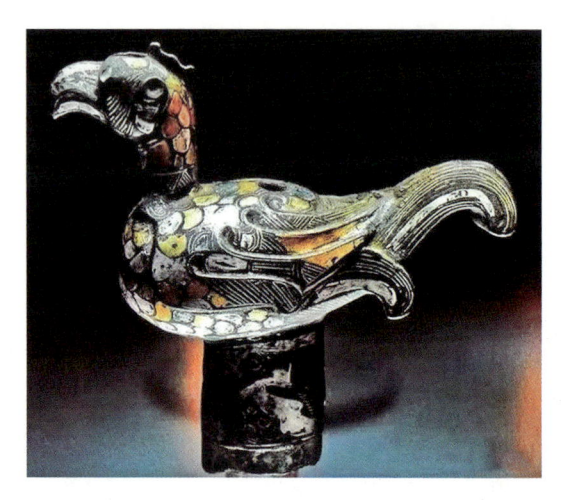

图47 西汉 错金银鸠仗首

4. 三国两晋南北朝

该时期，金银工艺受到南北文化融合和中西文化交流的影响得以进一步发展。值得注意的是，很多饰品和货币是通过丝绸之路传入的，这时候中亚、西亚的金银器制作工艺和器型开始影响我国。

比如南京象山七号墓的金铃、金环、金钗、银钗等。而且有趣的是，这是中国发现的最早的金镶嵌钻石的饰品。

金刚石指环的出土地点象山位于南京市北郊幕府山西南，这里是东晋尚书、左仆射王彬的家族墓葬区。

图48 钻石金指环

5. 隋唐五代

隋唐五代时期，丝绸之路带来了金银器的工艺新技术，如冲锤揲工艺。比如陕西历史博物馆的何家村舞马衔杯纹银壶，这件藏品也是中国首批禁止出国（境）展览文物之一。

它是极为罕见的以舞马为题材的唐代盛酒器，反映了中原汉族与北方契丹族文化交流的繁荣。

舞马衔杯纹银壶壶身呈扁圆形，该银壶高 18.5 厘米，整体造型仿照骑马的游牧民族储水用的皮囊，上口敛而底部呈扁弧形，周身看不到焊缝。口径 2.3 厘米，腹长径 11.1 厘米、短径 9 厘米，壁厚 0.12 厘米，重 549 克。

鎏金的提梁位于扁圆形壶身上部，提梁之前是斜向上的小壶口，壶口上倒扣莲花瓣形壶盖。另外，盖纽上还系有一条 14 厘米长的麦穗式银链，套连于提梁的后部，以防止壶盖脱落遗失。另外，壶底与圈足相接处有"同心结"图案，圈足内墨书"十三两半"，标示了该壶的重量。

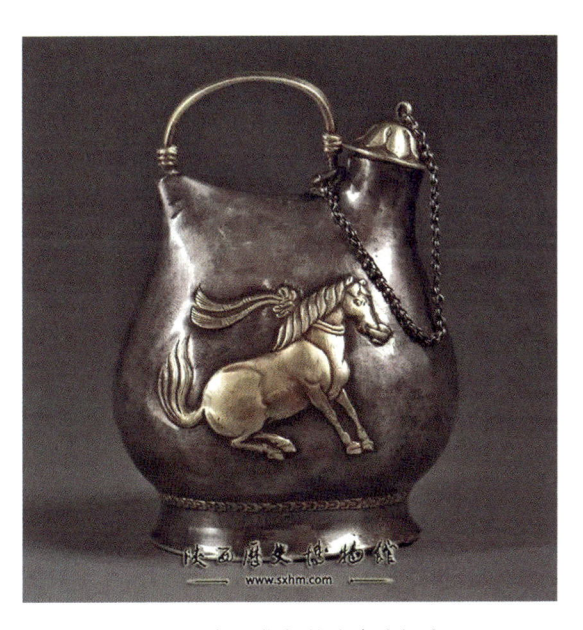

图 49 舞马衔杯仿皮囊式银壶

其中，马口中衔有一只酒杯，其上扬的马尾和颈部飘动的绶带显示出十足的动感。充分显示了唐代工匠的匠心独运。

它是模仿我国北方游牧民族契丹族常用的皮囊壶制作而成。此壶展示了唐代高超的锤揲技法，壶盖帽为锤揲成型的覆式莲瓣，壶身是先将一整块银板捶打出壶的大致形状，再以模压手法在壶腹两面各模出两匹相互对应的舞马形象，通过反复打磨致平，几乎看不出焊接的痕迹。

舞马作翘首摆尾、衔杯跪拜之状，应是当时舞马祝寿情景的真实再现，呈现了盛唐社会经济高度繁荣发展的一个侧面。

6. 辽宋金元

辽宋，随着经济的发展，军事的孱弱，政治中心的东移，金银器开始作为商品世俗化、功能化了。

比如唐代的压模工艺，在宋代就被用于饮食器物的造型上，开始有了像生花形器、像生桃形器等。

溧阳宋代金银器是既有美观的样式，又注重实用的需求。

图50　宋代　江苏溧阳出土的金银桃形杯

再如，宋元时期的高浮雕凸花装饰，在福建泰宁出土的瑞果纹盘，都是利用模冲锤揲工艺做的。

图 51　宋代　江苏溧阳出土的窖藏瑞果纹银盘

还有贵州遵义出土的一副南宋晚期的双螭纹金盘盏，其中金盘平口、折沿，内底錾刻细密云雷纹，中心饰首尾相逐的双螭，螭身凸起，呈浮雕效果。

图 52　南宋晚期　贵州遵义出土的一副双螭纹金盘盏

江苏金坛元代窖藏出土了一件蟠螭银盏，作一尾螭龙攀附盏缘状，此盏原应有配套的双螭纹银盘。

图 53　江苏金坛元代窖藏出土的蟠螭银盏

7. 明清时期

这个时期的金银器，主要是宫廷用具，而且主要用提纯和压印工艺。

图 54　定陵出土的万历皇帝"金丝冠"

尤其可说的是，明代的金器以镶嵌和花丝工艺见长。在这个花丝工艺中，包含掐丝、累丝、编制等，形成了自己独特的体系。

比如明定陵出土的万历皇帝金丝冠，编织工艺纤细如发，以及出土的镶珠点翠凤冠更是代表了工艺的顶峰。

图55　镶珠点翠凤冠

至此，我们摘选了各个朝代具有代表性的金银器，希望让大家更加了解黄金所代表的历史积淀以及悠久文化的厚重。

附录三 世界黄金历史大事记

1. 15 世纪末，新大陆的发现带来了大量的黄金，对欧洲经济产生了深远的影响。

2. 16 世纪初，西班牙和葡萄牙等欧洲国家开始在美洲建立殖民地，开采当地丰富的黄金资源。

3. 1532 年，西班牙征服者皮萨罗在南美发现并掠夺了大量黄金，成为世界历史上的重大事件之一。

4. 1588 年，西班牙派遣"无敌舰队"前往英国，旨在征服英国并控制其黄金供应。然而，这次远征以失败告终。

5. 1663 年，英国政府规定只有金匠才能购买和熔炼黄金，从而有效地垄断了黄金贸易。

6. 1717 年，牛顿将黄金价格定为每金衡盎司（纯度为 0.9）3 英镑 17 先令 10 便士。这个价格一直延续到 1931 年。

7. 1804 年，伦敦成为世界黄金交易中心

8. 1919 年，伦敦金市正式成立，主要经营黄金现金交易。

9. 1925 年，英国议会通过《1925 年金本位法案》，形成了"金块本位"与"金汇兑本位"并行的格局。

10. 1931 年，由于战争经济的崩溃，英国被迫停止英镑兑换黄金，彻底放弃了金本位。

11. 1933 年，罗斯福废除了金本位体系，下令停止黄金与美元兑换。

12. 1944 年，"布雷顿森林体系"建立，国际经济体系的核心从黄金

变为美元。

13. 1957年,敬爱的周恩来总理签署国务院《关于大力组织群众生产黄金的指示》,首次明确了将黄金生产作为国家的主要产品指标,并且从地质勘探、群众采金、基建投资、收购价格、机构管理等12个方面做了明确指示,尤其是对黄金生产课税5%的规定暂予取消。

14. 1964年,毛主席指示:"多挖金子、银子"。转年成立了中国黄金矿产公司,这是新中国第一次建立的全国集中统一的黄金行业管理机构。

15. 1965年,法国总统戴高乐呼吁恢复金本位制。

16. 1969年,国际货币基金组织发行特别提款权(Special Drawing Right,SDR),亦称"纸黄金"。

17. 1971年,尼克松宣布美元与黄金脱钩,黄金稳定了两个世纪的价格波动被打破,从此进入高波动中。

18. 1972年,伦敦黄金市场达到了历史最高水平,成交量超过3500吨。

19. 1973年,美国宣布黄金价格与美元脱钩,标志着"布雷顿森林体系"的崩溃。此后,黄金价格开始自由浮动。

20. 1976年1月,IMF临时委员会达成《牙买加协议》,黄金非货币化被以国际协议的形式确立下来。黄金不再是任何信用纸币的唯一支撑和基础。黄金价格全面市场化。

21. 1978年,国际货币基金组织宣布将特别提款权(SDR)作为新的储备资产,这使得黄金在全球储备中的地位下降。

22. 1983年,一些国家开始重新建立黄金储备体系,以增强其外汇储备的稳定性。

23. 1999年,欧洲主要央行签署《央行售金协议》(Central Bank Gold Agreement,CBGA)。

24. 2003 年，世界上第一只黄金 ETF 基金——Gold Bullion Securities——在悉尼上市。

25. 2004 年，目前世界上持仓规模最大的黄金 ETF——SPDR GOLD TRUST——成立。

26. 2004 年，罗斯柴尔德家族决定退出黄金交易和"黄金定盘价"机制。

27. 2011 年，黄金达到历史高点 1 920.8 美元/盎司。

28. 2013 年，中国大妈集体抄底黄金。

29. 2014 年，ICE 美国洲际交易所成为伦敦黄金基准价的第三方管理机构，新的黄金定价机制被命名为 LBMA 黄金价格（LBMA Gold Price），取代了原有的伦敦黄金定盘价（London Gold Fixing）。

30. 2016 年，中国工商银行拿下了巴克莱银行在伦敦的金库业务，成为伦敦黄金、铂、钯的定盘商和清算银行。紧随其后，中行、建行、交行也加入了 LBMA 协会，成为 LBMA 黄金定盘商。

31. 2017 年，工信部出台的《关于推进黄金行业转型升级的指导意见》中明确表示利用"互联网＋"完善黄金行业产业链，鼓励商业银行、传统黄金企业、互联网黄金平台等机构创新发展黄金金融产品，为用户提供优质的黄金产品服务。在利好政策推动下，中国互联网黄金行业进入快速发展期。

32. 2018 年，中国人民银行发布的《互联网黄金业务暂行办法（征求意见稿）》中明确了账户黄金业务从事资格主体和互联网机构代理资格主体，由金融机构提供黄金账户服务，互联网机构不得提供任何形式的黄金账户服务，行业准入资质明显提高。

33. 2018 年，全球央行的黄金需求达到自 1971 年时任美国总统尼克松关闭黄金窗口以来的最高水平。

34. 2019 年，央行售金协议被取消，该协议正式退出历史舞台。

35. 2020 年，黄金价格再次创造历史新高——2 074.7 美元/盎司。

36. 2023 年，各国央行增持黄金储备约 1 037 吨，黄金价格第三次创造历史新高——2 144.56 美元/盎司。

37. 截至 2024 年 6 月，中国央行连续 18 个月增持黄金，黄金价格第四次创造历史新高——2 449.88 美元/盎司。